山水胜迹

诗文里的广西

杨东甫◎著

广西教育出版社·南宁

图书在版编目（CIP）数据

山水胜迹 / 杨东甫著. -- 南宁：广西教育出版社，2024.7

（诗文里的广西）

ISBN 978-7-5435-9430-2

Ⅰ.①山… Ⅱ.①杨… Ⅲ.①名胜古迹－介绍－广西 Ⅳ.①K928.706.7

中国国家版本馆 CIP 数据核字 (2024) 第 022471 号

SHANSHUI SHENGJI

项目统筹：张星华
责任编辑：罗　婕　黄　璐
装帧设计：杨　阳
责任校对：何　云　唐　雯
责任技编：蒋　媛

出 版 人：石立民
出版发行：广西教育出版社
地　　址：广西南宁市鲤湾路 8 号　邮政编码：530022
电　　话：0771-5865797
本社网址：http://www.gxeph.com
电子信箱：gxeph@vip.163.com
印　　刷：广西昭泰子隆彩印有限责任公司
开　　本：880mm × 1230mm　1/32
印　　张：7.25
字　　数：120 千字
版　　次：2024 年 7 月第 1 版
印　　次：2024 年 7 月第 1 次印刷
书　　号：ISBN 978-7-5435-9430-2
定　　价：36.00 元

前　言

《现代汉语词典》对“山水”一词列了3个义项，其中一个是：“山和水，泛指有山有水的风景。”这是此词的常用义项，也就是本书所谈的“山水”。其实，放宽一点说，凡是自然风景都可概称“山水”，不一定非要是山水齐全的。

广西地处边陲，山川众多。虽然交通不便对经济发展略有消极影响，但以桂林山水为代表的广西山水因其秀丽历来有显赫名声。唐代文豪韩愈写桂林山水的名句“苍苍森八桂，兹地在湘南。江作青罗带，山如碧玉簪”，无人不知。宋人王正功的那句“桂林山水甲天下”，千年以来，已成定论。

“桂林山水甲天下”并不意味着广西山水只有桂林可观。除了桂林，广西还有不少“甲天下”的山水美景。事实上，前人也早就看到了这一点。清代江苏江阴人金武祥在畅游漓江后曾作《漓江杂记》，其中写道：“桂林山水甲天下，阳朔山水甲于桂林。”而流放广西南宁近十年、游历过广西多地的明代上海松江人董传策所作的《粤西山水歌》，极力夸赞广西各地山水，开篇第一句即是“粤西山水甲天下”。

广西并非只有自然山水可赞，人文景观方面也不遑多让。比如，中国古代著名水利工程——灵渠，全国独有的宋代石刻《元祐党籍碑》，千古哀怨的绿珠遗迹，等等。

历朝历代，因各种原因踏足广西的文人，以及广西本地的文人，陶醉于多姿多彩的广西山水和人文景观，创作了大量文学佳作。这些作品与广西山水和人文景观相互辉映，也是前人留赠我们的文化遗产，值得珍视。

本书试图从众多描写广西山水和人文景观的诗文中选出部分具代表性者予以介绍，并略加导读。本书篇幅不大，而相关景点、作品众多，所选者可谓百里挑一；然而选者如入宝山，目眩神迷，选椟弃珠抑或有之。况且诗文难有定评，见仁见智；我之所好，未必即君之所爱。若有遗憾，惟望读者诸君谅之。

杨东甫

目　录

山水妙景

玉簪罗带遍粤西

人文胜迹

留得高名万古传

山水妙景

玉簪罗带遍粤西

突然一峰插南斗：桂林独秀峰

清代著名文学家袁枚，字子才，在五十年间曾两寓桂林，写下多篇叙咏桂林山水的诗文。其中《独秀峰》云：

> 来龙去脉绝无有，突然一峰插南斗。
> 桂林山形奇八九，独秀峰尤冠其首。
> 三百六级登其巅，一城烟水来眼前。
> 青山尚且直如弦，人生孤立何伤焉？

独秀峰，又名独秀山，在今桂林市的广西师范大学王城校区内，明代时属靖江王府内。徐霞客游桂林时，因不得入王府，未能登峰。唐人郑叔齐的《独秀山新开石室记》云："城之西北维，有山曰'独秀'。宋颜延年尝守兹郡，赋诗云：'未若独秀者，峨峨郛邑间。'嘉名之得，盖肇于此。"由此可知，此峰名得自于南朝

桂林独秀峰

文学家颜延之的诗句。颜延之，字延年，曾任始安郡（治所在今桂林）太守。他在桂林所作此诗，仅有这两句传世，却也给了这座山一个嘉名。

拔地而起，直插蓝天，宛如天柱，绝无依傍——这是独秀峰最显著的特征。袁枚所写的“来龙去脉绝无有，突然一峰插南斗”，可谓精准传神。南朝以来，咏独秀峰的诗文众多，其核心大抵不离此点。例如，唐代桂管观察使张固所作的《独秀山》："孤峰不与众山俦（chóu），直入青云势未休。会得乾坤融结意，擎

独秀峰上的"南天一柱"

天一柱在南州。”清代广西岑溪人高熊征所作的《再登独秀山》:“怪石嶙峋喜共扶，秀峰耸翠入云孤。平看叠嶂疑飞伏，远睇长空若有无。建国只今惟废殿，制科谁复叹遗珠。登临且尽杯中酒，不遍名山不丈夫。”皆如此。

独秀峰上有清代广西布政使黄国材摩崖题写的“南天一柱”四个大字，也是突出独秀峰这一特点的。值得一提的是，这四个字极大，每个字都有二米多见方。在数百年前的有限条件下，能挥动真正的“如椽巨笔”在高而险的石壁上写下如此大字，煞是难得!

独秀峰孤立直上、绝无依傍的状貌，令不少诗人产生对人生的联想。上引袁枚诗末二句“青山尚且直如弦，人生孤立何伤焉”即是，子才先生性格不知能不能算“孤直”，但他的诗表达的是，青山尚且能够如此孤直，人生因为孤高耿直而受孤立又有什么关系?

明代广西藤县人袁崇焕则有别样联想。他登独秀峰时所作的五绝诗云:

玉笋瑶簪里，兹山独出群。
南天撑一柱，其上有青云。

“南天撑一柱”虽无新意，但“其上有青云”则可细细品嚼：天柱之上有青云，境界非凡。然而未经跋涉险阻，奋力攀登，怎可与此等“青云直上”之境遇结缘？人生境遇又何尝不是如此？余韵悠悠！

清代广西融水人龙云波《辛酉下第登桂林独秀峰》：

诸峰罗列水回环，仿佛蓬莱海上山。
谁料风高留不住，此身依旧落人间。

刚刚考进士落第的他站在独秀峰上，倒是联想到爬得越高跌得越惨的道理。

清代广西贵港人李彬《沁园春·同廖千能登独秀峰》：

壁立千寻，三别四壶，雄镇桂城。爰（yuán）一峰崛起，了无依傍；群峰耸峙，终让崚嶒。五咏堂边，月牙池上，陡削芙蓉拔地青。重阳近，有吟朋高兴，招我同登。　　当年朱邸峥嵘，说形胜、天然得未曾？问苍茫一片，澹烟乔木；繁华几历，画栋雕甍。扫石延秋，寻碑吊古，人在青云最上层。催归去，恰天风吹送，云寺钟声。

倒也耐读。“人在青云最上层”句，一语双关，颇堪回味。崚嶒，高峻。朱邸，指靖江王王府。

独秀峰在后世修建了登山石道，游人可以比较从容地爬上峰顶了。颜延之所在的时代无此便利，没有猿猴的本领难以攀上绝巘（yǎn）峭壁，所以他只能在山脚下看看。不过颜延之倒在山脚下发现了一个山洞，桂林“无山不洞”，这本没什么稀奇，但他觉得该洞清静，适宜读书，于是命人清理修整，将此山洞变成他的专用书房。这给后世留下了一处古迹——读书岩。曾任广西经略兼知静江府的宋人沈晦作《独秀山读书岩》咏之：

老鹤下辽天，昂昂在林表。
霜毛临野人，逸气秋天杳。

独秀峰读书岩石刻

矫矫颜始安，不受冠带绕。

清真自嵇阮，一醉万事了。

读书空谷中，生刍白驹皎。

神仙问峆岈（hánxiā），弓弯天宇小。

岂无素心人，幽睡共清晓。

佻达在城阙，钟磬出林杪（miǎo）。

试令栽桃李，照海春嫋嫋（niǎo）。

长哦五君咏，极目送飞鸟。

以“老鹤”比喻颜延之，赞扬颜延之虽然被贬边地，却毫不气馁，依旧在独秀峰下读书作诗。《五君咏》是颜延之所作，分咏“竹林七贤”中的阮籍、嵇康、刘伶、阮咸、向秀五人。宋代桂州知州孙览在独秀峰旁建了一座“五咏堂”以作纪念。而元代人又在读书岩中刻了孔子像，让“万世师表”来监督读书，也算得体。生刍白驹皎，这是赞扬颜延之为贤德之人，语出《诗·小雅·白驹》：“生刍一束，其人如玉。”峆岈，形容山深谷空。素心人，心地纯洁、淡泊名利的人。

何年北斗下人寰：

桂林七星岩

元代有一位北方少数民族诗人，名雅琥，通汉文，擅书法。他在桂林任静江府同知时，游七星岩，作诗曰：

漓水东边三四山，何年北斗下人寰。
天文暗宅蛟龙窟，地脉潜通虎豹关。
碧藓自封岩径杳，白云不锁洞门闲。
何时得遂烟霞趣，求此幽栖结大还。

桂林七星岩，因在七星山下而得名，亦名栖霞洞、仙李岩、碧虚岩。山、岩同名，有时不免混淆。宋代名家张孝祥《登七星岩》诗云：

魁杓历历控云岚，地阔天虚万象涵。
不与天公管喉舌，犹堪岳立镇湘南。

这应该是写七星山而非七星岩。魁杓，指北斗七星。

而宋代宜州知州张自明的七律《七星山》则相反：

玉洞沉沉锁碧虚，月华曾伴日华居。
刀圭影触金丸弹，蝉蜕形留锦鲤鱼。
旧隐已荒三径草，仙人忽授数行书。
丹霞自有栖真处，十里松风可跨驴。

这应该是写七星岩而非七星山。月华、日华，均仙人名，相传他们曾在桂林七星岩下棋。刀圭影，喻指月影。“刀圭”指药物，相传月中有玉兔捣药。金丸弹，喻指日。三径，指隐士居处，用典。

七星岩中佳境，前人记叙颇多。清人张心泰的《粤游小志》写七星岩最为细致：

象郡城东三里，有七星山……下有岩洞七，榜曰“七星岩”。游岩者必土人导之。从栖霞寺后破壁入，初甚小，如行曲巷，上有一线光射出，土人目曰“一线天”。抵山腰，蹊路纡曲，南折数十步，向东行，豁然开朗。循石磴而下，曰“大洞”，方圆数丈，高倍之，下平如砥，上拱如甍（méng），四壁透明，曰“第一洞天”，有古铭，字漫漶（huàn）不甚可辨。中空，悬金鱼一，长约尺许，鳞甲欲动，色间黄紫。左壁一龙盘旋蜿曲，曰“黄龙戏水”。右壁一凤，振翼若翔，曰“丹凤朝阳”。皆石笋生成。越数武，曰“第二洞天”。昏如日将夕，举火乃得见，中蹲一猴，高如人，捧二桃，作献客状……再向东行，亦不辨路远近，黯如云掩星月，然火入，见旁立石人，状如荷笠，曰“渔翁撒网”，左手挈网，右手若示人迷津者。越数武，地渐高，曰“摩天岭”，下有深潭，曰“瀛海”，海中仿佛石影八，曰“八仙飘海”，导者发火弹，举照潭水，须眉毕张，有声殷殷若啸。又数武，曰“迎仙桥”。又数武，曰“方城”，曰“布篷桥”，横鼍（tuó）背，城列女墙，篷顶平而

桂林七星岩

色白，皆宛肖。钟乳流溢，时作雨后滴沥声。少焉，见洞口光，曰“东方既白”。乃出。以上所称，皆仍土人旧。

七星岩原为古地下河道，石灰岩发育完好，岩洞内有各种石钟乳、石笋等景致，甚是壮观。时至今日，洞内这些前人所载的众多景致名目，已基本不可见或被更换了名目，但透过文字，我们依然可以感受到古人的雅趣。

明人俞安期作杂言古风《栖霞篇》咏七星岩，前有小序曰：

《栖霞篇》，为栖霞洞作。洞在七星山半，七峰参错离列，洞亦迂曲盘旋，盖穿亘七星而行其腹中，约七八里。辽远奥冥，玮怪万象。启堂皇，支栌柱，中有佛老二像。羽则鸿鹄，介则龟龙，毛属则麟，鳞属则鲤。屏帐斿(yóu)幢，璆（qiú）石鼓钟，花卉珍异，咸是膏乳所成。为桂诸岩洞之冠……余以退之、汝成二王孙导游，摭（zhí）其实际，加饰鄙辞，组为斯篇，殆得十二。虽不类汉晋诸公弘制，颇拾唐初四子之遗……

他认为七星岩“为桂诸岩洞之冠”，并自信地认为自己此诗与唐初四子之诗有得一比，这却要另当别论了。

清人金武祥的《漓江杂记》云：

昔人称桂多岩洞，深奥奇怪无逾七星……觅土人持炬而入洞。口在山半，下行数十级，宏敞如堂皇，仰见锦鲤鱼跃洞顶，波谲云诡，游泳如生。历入三天门，皆石楹垂立。再进，则高或十寻，阔或百尺，地亦宽平。忽有路窄而高者，号摩天岭，伛偻（yǔlǚ）升降，颇为崎岖。过此则又坦矣。四壁皆白。刘克庄诗云：“玉为墙壁雪为城。”信然。气温煦如春。粤多蛇虺（huǐ），独洞中不藏，惟蝙蝠见火飞鸣耳。顿足曳杖，铿然有声如钟鼓，盖洞之下又有洞焉。以火四照，旁列万形，土人一一指之为老稚人物、幢盖、囷（qūn）廪（lǐn）、狮象龙凤之状者，不可胜计……

七星岩之景，似乎游人所见个个有异，这也正好印证了它的瑰丽多姿。

银河影里月如钩：桂林象鼻山水月洞

水月洞与著名景点象鼻山密不可分，因为此洞就是由象鼻山之“鼻”与“前腿”“脖子”所构成的一个半圆大洞。象鼻山之“鼻”“前腿”皆浸入漓江中，当明月在天，山映水中，水上之洞与水下倒影合成圆月之状。“水月”之名缘此。

唐人莫休符作《桂林风土记·漓山》：

在訾（zī）家洲西，一名“沉水山”，以其山在水中，遂名之。古老相传，龙朔中，曾降天使投龙于此。今每岁旱，请雨潭中，多有应。前政元常侍，以其名与昭应“骊山”音同，故遂改为“仪山”。近岁于此置温灵庙，庙中时产青蛇，号为“龙驹”，翠色，或缘人头顶手中，终无患害。

莫休符曾在今广西境内任融州刺史，离任后写了

《桂林风土记》一书记叙桂林的山水人物传说等。上则引文中的“漓山”，实际上就是象鼻山，但莫休符没有提到这点，唐人诗文中亦未出现“象鼻山”这一概念，也没有咏颂水月洞、漓山的作品，也许唐代的先贤们尚未领略到这一美景。引文中的“元常侍”指元晦，晚唐人，会昌年间曾在广西任桂管观察使，官署就在桂林。

清人金武祥所作的《漓江杂记》将象鼻山、水月洞的地理位置、状貌特点都交代得很清楚：

在龙隐西南，隔江而峙者，为漓山，即象鼻山，乃越訾家洲渡漓水遥见。突立水滨，厥形类象，上有石塔如宝瓶，下有鼻垂水，作大洞门，其形正圆如大月，名水月洞。乃倚棹登麓入洞中，踞石弄水，如坐卷篷大桥下，《虞衡志》云。大月轮之中又一小规，穿山而南出，暑月坐规中，风飕飕起洞口，真不减北窗羲皇也。余口占绝句云：“漓江何澄澄，漓山何屹屹。香象渡河来，空明惟水月。”

文中所提到的《虞衡志》是指宋人范成大记叙广西山水风物的笔记——《桂海虞衡志》。范氏在担任广西最高军政长官时，将桂林山水记于《桂海虞衡志》

桂林象鼻山水月洞

及相关诗作中。《桂海虞衡志》记水月洞云：

水月洞，在宜山之麓，其半枕江，天然刓（wán）刻作洞，透彻山背。顶高数十丈，其形正员，望之端整如大月轮，江别派流贯洞中。踞石弄水，如坐卷篷大桥下。

范成大所说的“宜山”是指象鼻山。唐人元晦将漓山改为“仪山”，宋人又将“仪山”改作“宜山”，还曾称“沉水山”。员，即“圆”之意。

“象鼻山”之名，可能是到明代才有的。明代曾任广西按察使的孔镛有《象鼻山》诗：

象鼻分明饮玉河，西风一吸水应波。
青山自是饶奇骨，白日相看不厌多。

饶奇骨，有奇妙的风骨。不厌多，不嫌多，看不够。

明人卢仲佃亦有《象鼻山》诗：

巃嵸（lóngzōng）天象出云端，占住人间活水滩。
饱吸清风高卷鼻，横拖明月懒归阑。
空中体格三更白，物外烟霞六月寒。
坐久洞中尘世隔，冰壶玉宇意中看。

一头巨大的神象从云中降下，占据了碧蓝江水中的有利位置，月色之下观赏美景，饱吸清风，快活得再也不想回到天上的栏舍去了。开头四句，想象奇特。巃嵸，高耸之状。

宋人诗中未见到“象鼻山”的称谓，但咏水月洞者颇多。例如：

水调歌头·临桂水月洞

［宋］曾宏正

风月无尽藏，泉石有膏肓。古今桂岭奇胜，骚客费平章。不假鬼谋神运，自是地藏天作，圆魂镇相望。举首吸空翠，赤脚踏沧浪。　　惊龙卧，攀栖鹘，翳鸾凰。秋爽一天凉露，桂子更飘香。坐我水精宫阙，呼彼神仙伴侣，大杓挹琼浆。主醉客起舞，今夕是何乡。

面对“风月无尽”的“桂岭奇胜”，尤其是在这“地藏天作”的“圆魂”水月洞前，诗人觉得自己有点笔不从心，没法儿用文字将这妙景完全呈现，只好与朋友进入水月洞中，举杯痛饮，醉舞高歌。泉石有膏肓，意思是自己有难以治愈的游山玩水的老毛病。圆魂镇相望，即天上的月亮与水中的月亮，两相对望而构成的奇观。

水月洞

［宋］张自明

癸水江头石似浮，银河影里月如钩。

无人弄杵看蟾兔，有客乘槎访斗牛。

自古鹊桥传七日，何年桂子落三秋。

金轮待欲常无缺，玉斧仍须妙手修。

此诗虽然略有点掉书袋的毛病，用典颇多，但也并不离题，大抵都能扣住“水月”下笔。癸水，漓江的别名。弄杵看蟾兔，相传月宫中有蟾蜍和玉兔，玉兔成天持玉杵为嫦娥捣药。乘槎访斗牛，传说晋代有人在海边见海上有竹筏漂来，就带上粮食用具乘坐而去，几个月后漂到天河，见到牛郎织女。鹊桥，相传牛郎织女被王母强行分隔在天河两旁，每年七月初七有神鹊在河上搭桥让他们相会。桂子，指桂树的果实，也指桂花。相传月中有桂树，高五百丈。金轮，指圆月。玉斧仍须妙手修，相传月亮表面常有凹凸不平处，有八万二千户仙人负责用斧凿修复。

和水月洞韵

［宋］蓟北处士

水底有明月，水上明月浮。

水流月不去，月去水还流。

句句不离“水”“月”二字，既形象又扣题。

明人卢仲佃尚有五律《水月洞》：

空岩开满月，浸濯水中天。
皓魄千山白，虚宫万古悬。
七星光独朗，八桂影争翩。
我欲从真窟，闲中一弄丸。

明月当空，桂影婆娑；七星闪烁，碧水相映。水月洞前此景此情，真令人产生冲动，想要飞升仙境，将那圆月当作小球玩玩。皓魄，指月光。虚宫，指月宫。八桂，代指广西或桂林。《山海经·海内南经》有“桂林八树，在贲隅东”之语；又相传月中有桂树。此处两种理解皆可通。真窟，指神仙洞府。弄丸，一种杂技，两手上下抛接多个弹丸，使其不落地。

信是南方最胜游：

桂林訾家洲

桂林的风景名胜，大抵与山或洞有关。而訾家洲则不然。

唐人莫休符所撰《桂林风土记》中有一则《訾家洲》，开篇说："在子城东南百余步长河中。先是訾家所居，因以名焉。洲每经大水，不曾淹浸，相承言其浮也。"谁也不知这姓訾的人家是何等人，却因为最早在洲上居住而留姓千年万代，倒也幸运。而此洲因为"相承言其浮也"，所以又得别名"浮洲"。訾家洲，现名为"訾洲"，是桂林漓江上一座洲岛，如今已发展成訾洲公园。

訾家洲在千余年前的唐代就已闻名。时任桂管观察使司从事的陆弘休咏之曰：

新春蕊绽訾家洲，信是南方最胜游。

酒满百分殊不怕，人添一岁更堪愁。

莺声暗逐歌声艳，花态还随舞态羞。

莫惜今朝同酩酊，任他龟鹤与蜉蝣。

陆弘休赞誉訾家洲为“南方最胜游”之地。那么这“最胜游”具体表现在何处？看看游客的反应即可知：在盛开的花丛间，人们翩翩起舞，嘹亮的歌声与鸟鸣声相互呼应，而这些游人几乎全是醉醺醺的，全然没有“人添一岁”的忧愁，管他是像龟鹤长寿还是像蜉蝣短寿。

唐人赵嘏所作的《十无诗寄桂府杨中丞》之三：

遥闻桂水绕城隅，城上江山满画图。

为问訾家洲上月，清秋拟许醉狂无？

赵嘏与陆弘休都认为，游览訾家洲时，若不大醉一番就对不住此处风光。

唐人杨汉公作《訾洲宴游》：

桂林云物昼漫漫，雨里花开雨里残。

惟有今朝好风景，樱桃含笑柳眉攒。

尽管“雨里花开雨里残”略带一点遗憾，但“樱桃含笑柳眉攒”肯定是不折不扣的“好风景”了。

唐人欧阳宾作《訾家洲》(其一):

旧业分明桂水头，人归业尽水空流。

春风日暮江头立，不见渔人有钓舟。

此诗虽然没有直接描写訾家洲的风景，但“春风日暮江头立，不见渔人有钓舟”一联却也令人浮想联翩。

訾家洲本是个无名小洲，它的开发者是唐代桂管观察使裴行立，裴氏也是柳宗元任柳州刺史时的顶头上司。裴行立的官署在桂林，他偶到訾家洲，大加称赏，遂命人清理荒草，栽种花木，建造亭阁，使之成为赏心悦目的宴游之地。完工后，他便找柳宗元作文纪念。接到邀请的柳宗元大笔一挥，写出了《桂州裴中丞作訾家洲亭记》。文章称訾家洲“不骛远，不陵危，环山洄江，四出如一，夸奇竞秀，咸不相让，遍行天下者，唯是得之”，“盖非桂山之灵，不足以瑰观；非是洲之旷，不足以极视；非公之鉴，不能以独得”，把訾家洲和裴行立都大赞一番。裴行立大喜，立即将此文刻碑立于洲上。

宋代的訾家洲，虽然风光衰减，但文人们依然不吝怀念流连之词。

宋代著名词人张孝祥来广西任最高军政长官时，訾家洲显然仍有魅力，从他的五律《訾家洲》可见：

一雨便清凉，风回百草香。
云山米家画，水竹辋川庄。
僧赋蠲（juān）新帖，墙榛斩旧行。
归藉乘晚霁，空翠满轻装。

风景尚存，仍有“米家画”“辋川庄”的影子。米家画，指宋代书画家米芾的山水画。辋川庄是唐代诗人王维的山庄，他曾作诗多首描写那里的美景。

宋代诗人刘克庄来游览时，此地已是“荒洲”“断碑”，遍地荆棘，他失望之余，只好读读柳宗元写的碑记，看看旧池亭遗址之类了，于是作《訾家洲》诗二首，一五律，一七律：

来访唐时事，荒洲暮霭青。
遍生新草棘，难认旧池亭。
毁记期无主，存祠怕有灵。
今人轻古迹，此地少曾经。

裴柳英灵渺莽中，鹤归应不记辽东。
遗基只有蛩鸣雨，往事全如鸟印空。

桂林訾洲岛

溪水无情流漷（guó）漷，海山依旧碧丛丛。

断碑莫怪千回读，今代何人笔力同。

尽管往事如烟，眼前的訾家洲已是“遍生新草棘，难认旧池亭”，然而“海山依旧”，古碑犹存，前贤文字，笔力千钧，仍魅力无穷。

明人严震直来时，发现訾家洲无山无洞，只能站在洲上眺望四周所见，作《訾洲烟雨》：

訾洲人家隔烟雨，訾洲树色青无数。

山中朗读柳子文，涧底空闻樵客语。

樵客语，行人稀。

梨花千株寒食后，落日负薪花下归。

今天的訾洲公园，不仅旧有景点焕然一新，而且新增流芳亭、诗画广场等风景建筑，以及柳宗元、范成大等历史名人雕像，还形成了枫叶留丹、飞瀑落虹、诗画汗青、香樟拥翠等新景观，其美景较唐宋时代何啻十倍。假如古代文人们活到今天，游览如此美景，不知又会创作出多少灿烂篇章！

洞中风景异尘寰：

桂林伏波山

宋代诗人刘克庄游桂林伏波岩后，作诗曰：

悬崖万仞余，江流绕其趾。
仰视不见天，森秀拔地起。
中洞既深豁，旁窦皆奇诡。
惜哉题识多，苍玉半镵（chán）毁。
安得巨灵凿，永削崖谷耻。
缅怀两伏波，往事可追纪。
铜柱戍浪泊，楼船下湟水。
时异非一朝，地去亦万里。
山头博德庙，今为文渊矣。
谓予诗弗信，君请订诸史。

此诗除了描写伏波岩的“奇诡”外，还发表了两条意见：一是认为岩洞内的摩崖石刻毁坏了自然美景；

桂林伏波山景区伏波将军塑像

二是认为伏波山、伏波岩得名的“伏波”，并非指东汉伏波将军马援，而是指西汉伏波将军路博德。

刘克庄的观点可能不会有太多支持者。古代的摩崖石刻都有其价值，能提供多方面的史料，不应对其“深恶痛绝”。至于“伏波”指谁，目前公认为马援。

同为宋代人，对于伏波岩中石刻，朱晞颜的观点与刘克庄迥异。朱晞颜的七律《伏波岩》云：

天斫（zhuó）神剜不记年，洞中风景异尘寰。

江波荡漾青罗带，崖石虚明碧玉环。

地接三山真迹在，天连合浦宝珠还。

重来恍似乘槎到，惭愧云门夜不关。

他认为摩崖石刻乃是“洞中风景”的重要组成部分。

桂林伏波岩在伏波山下，山、洞同名。据传早在唐代山上就已有伏波庙，以纪念伏波将军马援，他率军平定交趾的征侧、征贰之乱时经过此地。而伏波岩下有“试剑石”，为岩顶一石下垂，将至地面而断，相传为马援剑斩而成。徐霞客的《粤西游日记》描述云：“一石柱下垂覆崖外，直抵下石，如莲萼倒挂，不属于下者，仅寸有余焉。是名‘伏波试剑石’，盖其剑非竖劈，向横披者也。”

与伏波岩相邻的有还珠洞，清人金武祥的《漓江杂记》记载了还珠洞得名的两种传说：

伏波岩与独秀山相望，岩傍水际有还珠洞……相传昔有渔人遇龙如犬熟睡，拾其珠，旋即还之，故名还珠。或云伏波载薏苡经此，故名，则尤附会之说矣。

元人张湖山的《伏波山歌》，引述了伏波岩、伏波山、还珠洞的种种传闻：

桂林有山名伏波，苍崖翠壁高嵯峨。

山根阴峒透水府，神奸物怪交㧑（huī）诃。

我来登山复寻峒，直涉风浪攀藤萝。
无谁可问得名始，赖有残碣堪摩挲。
为言新息昔事汉，老矣矍铄犹操戈。
提师振旅蹴蛮国，下潦上雾宁忧那。
仍闻薏苡能御瘴，采之返载数骆驼。
一朝明珠肆谗口，倒囊投弃兹山阿。
有云昔人捕鱼者，龙宫窃入张网罗。
适遭老髯耽昼寝，攫取明珠怀青蓑。
自知至宝世希有，惟守可遗那归他。
守称贤侯不敢受，亟命返璧毋蹉跎。
洞名还珠此二说，无乃好事相传讹。
柳州使君老好古，扁舟况此曾经过。
重来邂逅请停楫，君看此事当如何。
使君无言若有得，仰面长叹春风和。
肯将往事扰胸臆，为我呼酒倾金荷。
明朝酒醒湘水上，引帆南去飞如梭。

从此诗看，伏波山在元代尚有记叙马援南征受诬一事的古碑。残碣，残碑。新息，新息侯，即马援的封爵。明珠肆谗口，小人造谣称马援用骆驼运回的薏苡是珍珠。老髯，老龙。柳州使君，从诗意推测，此人可能就是张湖山本人。

宋人章岘的《伏波岩》云：

江澜洄洑啮山根，山裂岩开石室存。
怪鬼夜呼千嶂黑，蛰龙晨起一川浑。
金沙试决通泉脉，翠壁闲题破藓痕。
三伏几人逃畏暑，岂惟河朔有清樽。

他给伏波岩罩上种种神秘色彩，却又赞赏该洞乃是乘凉的好去处，不知人们可还有胆量入洞纳凉。

明人董传策来到广西，作诗《伏波岩有试剑石跨还珠洞》：

烟崖削壁落青苍，洞口江涛泊大荒。
疑有神来挥玉斧，却看悬处插牙璋。
伏波不辨明珠载，剑石谁怜干将光。
错把疑珍恼明主，丹心只合照横冈。

他在赏景之余，借景抒发自己一片“丹心”却“恼明主”的不平。

今天的伏波山是一个景区，辟为公园，除了伏波岩、试剑石，尚有宋人范成大所建的癸水亭与正夏堂、宋人程节所建的八桂堂，以及清初所留的千人锅、大铁钟等古迹文物，自是赏心悦目的游览佳境。

中开大窍风雷吼：
桂林风洞山

近代戏曲理论家吴梅撰有歌颂明末忠烈瞿式耜（sì）、张同敞的传奇《风洞山》，此“风洞山”就在如今桂林著名的景区——叠彩山。

一般认为，风洞山是叠彩山的别名。如今的叠彩山景区包含明月峰、仙鹤峰、四望山和于越山。风洞山以风洞得名，而风洞在明月峰下。因此，严格说来，风洞山和叠彩山这两个名称并不等同。

明人董传策所作的《殷石汀学宪邀游风洞山》云：

岩石高飞插南斗，中开大窍风雷吼。
风雷吼作苍烟横，曲磴遥撑削壁平。
使君携我蹑霄步，飘发群峰惊指顾。
下瞰漓江湃石流，猺吹猿啸客心愁。
桂林山水秋自好，临觞那用伤怀抱。

作者因为弹劾奸臣严嵩而被流放广西，不用说心情是有点“客心愁”的，但身临山水甲天下的桂林，游览风洞这样的自然奇观，与朋友举杯对酌，就不必“伤怀抱”了。

这“中开大窍”就是风洞，亦称“玄风洞”“来风洞”。此洞南北对穿，为两头大中间细的葫芦形，常有凉风阵阵，即便在炎炎夏日，来人亦觉寒气逼人。此洞和此山引来古今众多文人咏颂，如宋代状元词人、曾任广南西路经略安抚使的张孝祥所作《玄风洞》：

山入乌蛮连越嶲（xī），天开斗野对珠宫。

应怜桂海长炎热，乞与清凉万窍风。

状元先生游风洞，突发奇想：这应该是上天可怜广西太热，所以造出这一大洞吹出凉风吧。乌蛮，古代西南少数民族名，亦指其居住地，在今西南地区。越嶲，古郡名，在今四川、云南交界一带。斗野，北斗分野，天文用语。

明代诗人所作尤多。如：

风洞

[明]卢仲佃

谁劈崆峒作大观，洞中风起四时寒。
开图月下寻濂叔，着屐山中问谢安。
双眼独看山岛外，一樽共泛五云端。
时清宦散无多事，出入先天闻弄丸。

面对风洞，诗人陷入沉思：到底是哪位神仙在高山上劈出这样一个四时吹送凉风的大洞？反正闲来无事，且去寻找山中的隐士谈谈。在如此景致中饮酒赏玩，真如神游仙境。崆峒，这里指高山。濂叔，指宋代学者周敦颐，字茂叔，号濂溪；谢安，东晋政治家；他们二人早年都曾隐居山中。先天，宇宙本原。

风洞

[明]李祯

桂林绕郡皆奇胜，伟观登临此更多。
五管灵山连粤嶲，百蛮溪水汇牂牁（Zāngkē）。
朝廷愧乏涓埃报，岁月真成浪漫过。
只把新诗当遗爱，他年留与野人歌。

此诗主题不太集中，有点散漫，但首联十分可取：

桂林全境都是奇妙的风景名胜，而来到风洞才发现，这里是其中更为宏伟的景观。作者用映照陪衬手法，既赞誉整体的桂林山水，又突出了风洞的独特。五管，指岭南地区。粤巂，同“越巂”，古代郡名，在今四川、云南交界一带。牂牁，古代郡名，在今贵州。

游桂林风洞山

［明］吴高

到处名山入品题，此中佳境足幽栖。

四时风气侵人冷，八表峰峦举目低。

满地白云无客扫，一林红雨有莺啼。

乐游不记归时晚，踏破蟾光信马蹄。

与以上各首都有所不同，吴高写风洞，主要从细处落笔：洞内凉风习习，远山尽收眼底，身边白云缭绕，林间花开鸟鸣。佳境迷人，乐而忘返，直到月光洒下，才恋恋不舍地乘马归去。

与风洞相邻的古迹胜景不少，主要有：

于越亭。该亭亦名“越亭”，在于越山上，原为唐人元晦所建，久废，新中国成立后重建。元晦曾作《除浙东留题越亭》：

紫泥远自金銮降，朱旆（pèi）翻驰镜水头。

陶令风光偏畏夜，子牟衰鬓暗惊秋。

西邻月色何时见，南国春光岂再游。

莫遣艳歌催客醉，不堪回首翠娥愁。

即将离开广西，作者最为不舍的，就是这“南国春光”了。如此美景，恐怕今后再也没有机会重游了！

宋人朱晞颜是安徽新安人，先后任广西转运使、经略安抚使，曾作《叠彩岩登越亭》：

不到越亭久，榴花今已红。

江流寒泻玉，山色翠浮空。

百越薰风里，三湘夕照中。

行藏仗忠信，六合本同风。

“江流寒泻玉，山色翠浮空”一联，最是精当。百越，指广西。三湘，指湖南。行藏，或行或止的行为。六合，指天下。

瞿张成仁处碑。“瞿张”是指明末在此处就义的瞿式耜、张同敞。碑为清道光年间广西巡抚梁章钜所立，称“常熟瞿忠宣江陵张忠烈二公成仁处”。清代广西镇安知府赵翼作《风洞山为瞿式耜张同敞殉节地》：

土囊风急尚虺（huī）喧，仿佛灵旗啸旅魂。

景略有孙光祖德，彭宣为弟陋师门。

尾箕一代残星耀，梧桂三江怒浪翻。

青史我朝曾不削，英灵长藉表忠存。

瞿式耜、张同敞二人既是师生关系，又同为南明弘光朝大臣，在守卫桂林时被清军俘虏，他们拒绝投降，牺牲于风洞前，风洞因此而得与忠魂长相伴，所以赵翼在诗首联特别点出这一层：风洞中急风喧嚣作响，似乎是灵旗长啸为烈士招魂。后文将瞿、张比作前贤王猛、彭宣，赞扬他们的忠义将万世长存。景略，南北朝前秦丞相王猛，字景略，封清河郡侯。彭宣，西汉大臣，大贤张禹的学生，官至大司空。尾箕，星宿名，尾星和箕星，喻指瞿、张。

销忧亭。该亭在四望山上，为唐人元晦所建，今已不存。元晦《四望山记》："山名四望，故亭为销忧。亭之前后，绵络山腹，皆溪梁危磴。由西而北，复东上叠彩右崖，至福庭石门，约三十余步。"

景风阁。该阁在风洞旁，亦为唐人元晦所建。历代有修葺，抗日战争中被毁。据清人庆保《景风阁记》，此洞"居四望、于越之间，前接广野，后倚大江，廓然翕受，窈而多风。其东小阁数椽，故为游人憩望地”。

望江亭。该亭在叠彩山北半山腰处，为明正德年间广西镇守太监傅伦所建。傅伦曾作诗咏之曰：

山色拂云青，溪光照空碧。
构亭倚风峒，超然意自适。
惟有江南趣，怪石生奇特。
公暇一披图，万物皆默默。

“风峒”即风洞。作者特意点出他靠着风洞建了这座亭子，所以能够享受“山色拂云青，溪光照空碧”的景致，十分舒适。

桂林叠彩山顶

应是天公醉时笔：

阳朔画山

唐诗中无咏阳朔画山者，应是当时尚无此山名。阳朔画山之名，应始于宋代，但宋代也只见邹浩有题咏画山之诗，而且只见于《粤西诗载》,《全宋诗》未收，但《全宋诗》漏收邹浩诗甚多。

画山，在桂林漓江边，地属阳朔县。民国《阳朔县志》介绍云：

画山，在县东北五十里。九顶屹立，耸峙江干。丹崖翠壁，望之如绘。峻削天成，如展屏幛。壁上石色仿佛有九马形，起伏奔腾，昂头滚脊，无一不肖。前清两广总督阮元摩崖刻《清漓石壁图》，知县富芳摩崖刻《画山马图》。实阳朔名山第一胜境也。

山因形似画屏，得名画山。

上引《阳朔县志》所说画山九马之形“无一不肖”，

显然是夸张。因为当地民谣云："看出七匹中榜眼，能见九匹状元郎。"如果很像，谁看不出？但这种造化之神奇引人入胜，清代两广总督阮元对画山就到了痴迷的程度，六年间五次来游画山，他在《清漓石壁图歌》中写道："六年久识奇峰面，五度来乘读画舟。"

邹浩为北宋名臣，曾被流放昭州（今广西平乐）。他醉心于广西山水，对画山尤其钟情。北归时作七绝《画山》三首，其三云：

扫成屏障几千春，洗雨吹风转更明。
应是天公醉时笔，重重粉墨尚纵横。

这美妙的"画山"图，应该是老天爷喝醉时挥笔乱画而成。邹浩的想象倒也清奇。邹浩的朋友根据邹浩的意愿，在画山前建了一座亭子，命名为"展画亭"。邹浩为之作七律：

丹青一笔妙难窥，万古长如初画时。
浓淡乾坤偏掩映，卷舒云雾巧追随。
深藏尘表天元爱，不到炎方世岂知。
展出高亭快人目，舍君风韵更谁为。

画山既然是上天杰作，当然不会因为岁月久远而褪色，而是“万古长如初画时”，它是上天的最爱，却藏在这极边之地，不来到此地，怎能得见？言外之意是：能观赏到如此山景，被流放也值了！

所谓画山九马，应该是清代才出现的说法。因为清代之前在与画山相关的文献中找不到这种说法。如明人唐暄作《画山》：

桂阳江上石凌空，谁作丹青画本工。
涧树参差青磴影，岩花磊落碧云丛。
神仙洞府无凡近，城市山林自郁葱。
倚棹中流更回望，居然海上看瀛蓬。

尽管作者赞美画山如同一幅工致的“丹青画”，令人想到瀛洲、蓬莱这些传说中的海上仙山，但他并未提到“九马”。明人曹学佺在《广西名胜志·阳朔县》也提及画山：“画山，在县北五十里漓江之上。九顶屹立，丹崖苍壁，望之如绘。”也没有“马”的提法。

清代就开始有“九马”的说法。清代广西贺县（今贺州市八步区）人苏煜坡有《画山九马图》诗：

房星一夜飞下天，化为良马腾云烟。
绝壁谁遣神手画？千年犹见形图悬。
风鬃雾鬣势掀舞，惊涛骇浪声激喧。

按此若教骥图索，九老跨之合欣然。

不但诗题直接称“画山九马”，还顺势联想，说这“风鬃雾鬣”的九马应该是天马幻化而成，并进一步联想渲染：若得“九老”来骑这“九马”，想必他们一定会很开心啊！房星，星宿名，古人认为此星代表天马。九老，九位老人的合称。唐代诗人白居易曾在洛阳与其他八位老人诗酒聚会，画《九老图》，作《九老图诗》。“九老”与马并无关系，这是作者由“九”字产生的联想。

清人金武祥的《漓江杂记》云：“再上廿余里，有画山，削壁千寻，石色黄白处，相传有九马形。”他只提到“相传”有此事，不是很肯定。

也有人根本不信。清人苏时学作《过画山作》：

喻马曾非马，雄奇浪得名。
九方勤物色，八骏误虚声。
灭没浮云影，苍茫落日情。
我来空冀北，长啸万山惊。

题下有小序：“传为画山马图，然按之实不似也。”不过苏时学之意主要并不在于辩论画山九马图之有无，而在于借题发挥，说他本人才是一匹真正的骏马，可那些号称善于相马的人却没有谁发现他。开头两句借

阳朔画山“观马”

公孙龙“白马非马”的诡辩说所谓画山九马是“浪得名”而已，下面三联基本上就是发牢骚和自吹了。九方，指九方皋，古代的善相马者。八骏，唐太宗李世民的八匹骏马。我来空冀北，用韩愈《送温处士赴河阳军序》的典故，意思是我一来到那些所谓骏马全都不见了。苏时学是藤县人，中过进士，有才华，可仅仅做过内阁中书这样的小官，他的愤愤不平也是可以理解的。

更多诗人专注于咏颂画山之美，清代诗人尤多。如：

舟过画山

［清］王维新

一帧高挂在荒陬（zōu），直作屏风付卧游。

仙洞云深朝泼墨，沧江虹贯夜浮舟。

巨灵小试丹青手，皇古先开逸妙流。

诸本倪黄皆可弃，此山大笔足千秋。

王维新句句从“画”落笔：这样一幅垂天而挂的巨画，简直可以当作一扇巨大的屏风，人躺在家里就能观赏。巨画的作者应该就是那巨灵神，他闲来无事磨墨吮笔作此画，没想到成了万古画史上第一幅妙作。在这幅杰作面前，那些著名画家的山水画全都可以丢弃了。荒陬，荒远之地。皇古，远古。逸妙流，逸品、妙品。倪黄，指元代著名画家倪瓒和黄公望，二人皆以山水画著称。

画山

［清］关为寅

谁将偌大如椽（chuán）笔，染却青山成五色。

夜泊轻桡（ráo）近画边，下瞰澄潭深百尺。

此时山月初欲上，朣胧微放东山碧。

正如暗室未张灯，见暗难辨黑与白。

半夜长空天风寒，疏星朗朗月团团。
关家米家都不似，一幅混沌成大观。
山月谓我无相讶，我与君兮都是画。
画中著我复著君，颊上三毫更传神。

关为寅是广西苍梧人，他描写的是月下画山。在朦胧的月光下，本来那不知哪路神仙用如椽大笔画出的五彩山壁，成了“一幅混沌”，然而自成大观。作者想象明月青山与自己对话，称大家都是画中一分子，如此则巨画更加传神。瞳胧，月光朦胧。关家米家，指五代人关仝和宋人米芾，二人均为著名山水画家。颊上三毫，即“颊上三毛”，成语，出自《世说新语》，喻指画作中的得意之笔。

舟过画山

［清］李守仁

淋漓大笔出天工，万古丹青一洗空。
我泛轻舟山下过，也应添在画图中。

李守仁是广西容县人，也是清代较出名的词人，他的联想与关为寅有相似之处。他乘船经过画山脚下，观赏这一幅出自自然大笔的“万古丹青”，不禁想到：现在的我与小舟，应该也是这幅天然巨画的一部分啊！

碧莲峰里住人家：

阳朔碧莲峰

唐代诗人沈彬曾在广西任阳朔县令，所作咏阳朔山水的七绝《阳朔碧莲峰》甚有名：

> 陶潜彭泽五株柳，潘岳河阳一县花。
> 两处争如阳朔好，碧莲峰里住人家。

陶潜、潘岳都是晋代著名文学家，陶潜在他的隐居地栽了五株柳树，自号“五柳先生”；潘岳去河阳县做县令，一上任就下令全县人家都要种花。这都是很有名的佳话。然而沈彬却认为那两个地方都比不上阳朔县。为什么？因为阳朔人都有幸住在美丽的碧莲峰里。

今存唐诗中，咏阳朔碧莲峰者，唯此一首，更见珍贵。

碧莲峰在阳朔县城。县城周围山峰甚多，碧莲峰究竟是指其中一山还是笼统而言？民国《阳朔县志·地理》有云：

寿阳山，在县治南百步，为县政府之朝山，俗呼陈家山。山麓有鉴山古寺，为唐时所建，亦名鉴山。嵯峨拔起，东瞰大江。鉴寺僧钟为县城八景之一。其东一面摩崖题壁者甚多。明洪公题“碧莲峰”三字于江边近水处，及兵备直指挥陈起龙题“江山锁钥”四大字于山南岜石壁。清邑令吴德征题“带”字于泡水渡石壁上，宽长约一丈。巡抚林绍年题“壁立”二大字于半山中。其余题壁诗词不堪枚举。碧莲峰，为县治诸山之总名。奇峰环列，形如菡萏（hàndàn），亦似芙蓉，故又名芙蓉峰……

这就是说，“碧莲峰”应是阳朔县城周围各山峰的总称，并非特指某一峰。碧莲峰之名来自沈彬的诗，观其诗也可看出并非特指某一峰。

清代地理学家顾祖禹的《读史方舆纪要·广西二》云：

寨山，县西十五里。《志》云：五代时湖南马氏常置戍于山下，因名。其地即归义县故址。旁有碧莲峰，峰峦重叠如莲花然。相传县治旧在其下。亦名莲碧峰。

既然这碧莲峰“峰峦重叠”，那当然就不是单指一座山峰了。

清人金武祥在《漓江杂记》云：

今阳朔县西十五里有碧莲峰，又名连碧峰，亦名莲碧。余谓山形如莲花，沈诗特浑言之，见阳朔之山多耳；后人必指一山以名之，转觉挂漏。

他也是赞成碧莲峰为总称之说的。此外，徐霞客的《粤西游日记》提到他将到阳朔时在船中观察，只见“县之四围，攒作碧莲玉笋世界矣”，亦可作一旁证。

碧莲峰上的“带”字石刻赫然醒目，其磅礴的气势和飘逸的神韵吸引着各方游客。上引县志中提到“带”字是阳朔知县吴德征所题，而且县志《文化》篇又提及此事，说该字“旁题‘道光乙未年吉日吴德征书’”，言之凿凿。而今天相关介绍几乎都说成是清代阳朔县令王元仁所书。《阳朔县志·宦绩》记载历代在阳朔县任职官员的政绩，其中载吴德征“贵州遵义举人，道光十五年知县事，莅任数年，新学校，修文庙，表忠烈，百废俱兴”，但并未查到知县王元仁。故此

“带”字由谁所书，尚需仔细考证。

碧莲峰属阳朔山水，自然是历代文人写作的好题材。

留别龙城山主怀义

［宋］邹浩

其一

阳朔千山复万山，最深山处是松关。
新诗吟罢无余事，一片真心云共闲。

其三

好事如师岂易逢，不辞趼（jiǎn）足访行踪。
挥残麈（zhǔ）尾知难再，目断碧莲峰外峰。

邹浩被贬广西数年，如今得以离开，自然归心似箭；然而他留别阳朔，依然对“碧莲峰外峰”恋恋不舍。

过阳朔舟中作

[清]刘名誉

桂林山水世争夸，阳朔奇峰另一家。

我坐扁舟随意看，果然千朵绿莲花。

刘名誉是清代临桂县人，他说“阳朔奇峰”最显著的特点就是“千朵绿莲花”，显然也是间接认为碧莲峰并非一山。

南山岜遣兴

[清]陶克修

临江秀插玉芙蓉，扫壁题诗墨浸浓。

磴道迂回环桂水，关门耸峙接莲峰。

岜高望彻田家渡，滩急声沉鉴寺钟。

最喜夕阳无限好，霞光云影瑞重重。

阳朔县城

岜，俗字，指两山间的通道。在诗人眼中，家乡阳朔“临江秀插玉芙蓉”的碧莲峰，即便是西下夕阳，也显得无限美好。

登碧莲峰

［清］张夏裔

扶筇（qióng）直上碧莲峰，绝顶追攀兴味浓。

老去竟忘筋力苦，河山遥望扩心胸。

此篇意在借登碧莲峰抒发诗人老而弥健的胸怀。筇，竹杖。

南山不朽天子寿：贵港南山

宋人陈谠（dǎng）在任贵州（治所在今广西贵港）知州时，写过一首题为《浔州南山》的四言诗：

天造其山，在贵之阳。二十四峰，拔地峭刚。
其山维何？如彼玉苍。宅位于离，火德之祥。
南山何有？有方其岩。若堂甚夷，若门者三。
穹者圜盖，植者羽参。石像天成，匪凿匪劖（chán）。
陟彼山巅，有洞益奇。南北户通，千里俯窥。
伊晋之洪，采荣于斯。丹飞井溜，木润草滋。
昔我太宗，云章下贲（bì）。于皇仁庙，奎文狎至。
岩处有辉，神护孔閟（bì）。丕昭圣朝，声化远暨。
南山不骞，天子万年；南山不朽，天子万寿。
无量惟寿，与天齐久。小臣作诗，永飏于后。

所谓浔州南山，就是今广西贵港的南山。那么，此处究竟与天子有何关系，以至于陈说要在诗中大呼“南山不骞，天子万年；南山不朽，天子万寿”？

贵港南山在今贵港城南，包含24座彼此相邻、形态各异的小山峰，是一道宏伟的景观。历代文人作诗为文叙咏南山时，大抵都要提及这一特点。上引陈说的诗就标出“二十四峰，拔地峭刚”。下面几首诗亦如此：

游南山

［宋］俞括

二十四峰尖，参差列郡南。

半空摩梵宇，绝顶寄僧龛。

…………

贵县南山

［元］秦俨

二十四峰图画里，九千余里宦游中。

满川禾黍无豺虎，便是南行奉使功。

送林贵县

［明］汤显祖

苍梧猿断泣湘君，人向清浔逗日曛。

直下宝江明月影，能开二十四峰云。

重游南山

［清］温葆和

吾郡名山多洞洼，贵城之南尤可嘉。

二十四峰浮空起，或如狮耳如狼牙。

…………

而贵港南山更有名的所在是山中寺院——南山寺。此寺始建于北宋端拱年间，在当时即已远近闻名。宋真宗即位后，以宋太宗墨迹御书赐天下名山名寺，贵州南山得 200 多轴，南山寺为此建御书阁安奉。景祐元年（1034 年），宋仁宗将手书“景祐禅寺”的匾额赐给南山寺，故南山寺又名“景祐禅寺”。这在当时可是无上荣光，所以作为地方官的陈说，要在诗中特别提及这一恩宠，表达对天子的恭敬。

陈说当然不可能想到，数百年后，这座南山寺又与元朝的一位皇帝扯上了关系。这位皇帝就是元文宗图帖睦尔。他在登基之前，曾被流放海南，前往海南途中来到南山寺游历；两年后奉诏还京，他再次来到该寺时为寺院题写“南山寺”匾额。在他继承皇位后，当地官员将他的题字制成“御书碑”，至今尚存。

此外，据说晋代著名道教人物葛洪也曾在此山采药修炼。今南山北极洞又名“葛仙洞”，且有丹灶遗迹。陈说诗中的“伊晋之洪，采荣于斯。丹飞井溜，木润草滋”即指此。其他相关诗文亦多有提及，如宋人俞括的《游南山》:“仰头瞻抱朴，侧足礼瞿昙。”宋人曾丰的《题贵州南山岩》:“我来已落葛翁后，姑拾其余细品题。”宋人江邦佐的《游浔州南山》:“宸章炳焕神物护，断碑零落苍苔封。稚川飞升岁月久，丹灶灰冷留遗踪。”清人石崇先的《丹灶吟》:“得道仙翁驾鹤去，长留丹灶使人思。”

同一座山、同一所寺院与两个王朝的三位皇帝有关联，还有一位著名道教人物的遗迹，可见贵港南山、南山寺历史之厚重。此种现象恐怕在全国范围内也并不多见。

此外，贵港南山还有不少古迹名胜。

南山大洞。该洞又名石佛洞，洞内有摩崖石刻包括佛像百余处。

飞来钟。此钟在南山寺石佛洞内，是北宋天圣三年（1025年）由江西抚州匠人曾守政承造，高1.8米，口径为1.2米，重约1吨。相传此钟自广州飞来，故名。

菩提树。南山寺门西侧所种菩提树的直径超过1米。清人曾绍箕在《南山即景》中写道："行看池边菩提树，灵鸟枝头学梵音。"可以推测此树年龄。

另有御书阁，这是安奉宋太宗御书的地方，现已被毁。

西山佳胜挹群芳：

桂平西山

6 世纪初，南朝梁武帝建桂平郡时将郡城设在桂平西山半山腰上。从此，西山所拥有的人文气质、宗教色彩便逐渐扩展。

民国初年，程大璋等修《桂平县志》，用了近两千

字记述该县西山；而介绍其余数十座山的文字，一般都只有一到三行，绝大多数不足百字。西山对该县之重要，于此可知。

西山，一名思灵山，灵水出焉（灵或作陵），在城西五里，故名。……路径出自西门，入桂山村，逾官桥，上木鱼岭，东过茶亭，沿松径数十武稍南，群卉交映，绿荫满天。……又数十武，为唐李御史祠。……穿小径出祠后，为洗石庵。……从庵右石级数武折西升，老松散布，鳞干争腾，奇石杂陈，俯仰蹲偃，攲（qī）正殊姿。……又南折西向，为龙华寺。寺左旧有望雁亭，

桂平西山全景

右有画亭，今遗址已没。……寺内三座，中座有大厅，窗向东开。前座瓦背，树光浮于户下，人间世远隔千寻。厅内题联不少……出寺右，石径十数武，为乳泉。泉清冽如杭州龙井，而甘美过之，时有汁喷出，白如乳，故名。……泉右石梯上百数级，有吏隐洞广丈余，为唐御史李明远隐居处……

这段文字内容涉及桂平西山的主要景点名胜，如洗石庵、龙华寺、乳泉、吏隐洞、古松、奇石等。今天，桂平西山是国家级风景名胜区。县志提到的这些景致，在百年之后的今天，不仅依旧存在，而且更声名远扬。

桂平西山的龙华寺、洗石庵皆为广西名刹。龙华寺始建于宋代，多次重建，今为广西佛教协会驻寺。清人黄体正作《九月登思陵山夜宿龙华寺》：

蒲团清夜坐深更，虚殿光然古佛灯。
救苦昔传丹桂籍，度人今少白头僧。
三千界上空如此，八百声中醒未曾。
明日长歌下山去，碧云红树一层层。

看来诗人所见的龙华寺当时有点冷清萧索，大殿空空，并未见到得道高僧，他虽然学着打坐冥思，但似乎没有什么领悟，只好“明日长歌下山去”了。丹桂籍，本指道教典籍《阴骘文》，此处泛指佛家经典。三千界，佛教用语，“三千大千世界”的省称，可用以泛指宇宙。八百声，指众多念佛之声。

洗石庵建于清顺治年间，现当代国内佛教界著名人士释宽能法师曾为该庵住持，圆寂后留下三颗舍利子，为史料记载的第一例比丘尼舍利子。清人王维新作《洗石庵》：

西山富于石，荦（luò）确免刀锯。
或腾如熊升，或伏如虎踞。
高者以累台，小者似削锯。
与佛为盘陀，非关枕滟滪（yù）。
粗莽称地骨，皱秀谢时誉。
山泉日奔流，一若为汤（tāng）渠。
涤涤犹淘沙，溅溅祇漂絮。
常深磨濯力，自得观摩勖（xù）。
龟印却尘封，莲生免泥淤。
露润其从容，雨来取急遽（jù）。
同是使莹洁，面目本来著。
相看无片言，独对息尘虑。

又恐俗士题，不受庸人据。

皖城方端士，二字定庵署。

始知梅沙弥，终呼李侍御。

赏识既有真，知己信能预。

西陵一片石，从今可与语。

我扣山扃（jiōng）来，适得清净处。

既将双手拊（fǔ），仍即两眸觑。

入山尚未深，于此暂容与。

虽然枕且漱，方寸莫饱饫（yù）。

可摘一枝花，直向丛林去。

诗文写洗石庵并不着眼于庵内的景致，而是将重点放在与洗石庵相关联的石、泉、溪、莲等外部景观，其笔下不时露出若干“禅味”，如“同是使莹洁，面目本来著。相看无片言，独对息尘虑”“虽然枕且漱，方寸莫饱饫。可摘一枝花，直向丛林去”等句，皆语涉双关，令人合掌细品。荦确，重叠凸起。盘陀，曲折不平。滟滪，指滟滪堆，本是今重庆奉节长江中的一块巨石名，可引申指巨石。观摩勖，在观察中受到启发激励。息尘虑，平息那些世俗的思虑。方端士，明末清初安徽怀宁人，曾为洗石庵作记。梅沙弥，元代画家吴镇，号梅沙弥，但不详他与洗石庵有何关系。李侍御，指李明远，唐代御史，被贬浔州（治所在今广西桂平），今西山上建有纪念他的李公祠。容与，从容歇息。枕且漱，用典，枕石漱流，指荡涤心胸。

上引县志记叙的乳泉，与西山茶同为桂平西山“二宝”。同书卷十九《物产下》又记西山茶云：

西山茶，出西山棋盘石乳泉井右观音岩下，低株散植，绿叶铺菜（fēn），根吸石髓，叶映朝暾（tūn），故味甘腴而气芳芬。炎天暑溽，避地禅房，取乳泉水煮之，扑去俗尘三斗。杭湖龙井未能逮也。

铺菜，茂盛繁多。朝暾，清晨的阳光。

西山茶以嫩、翠、香、鲜为特色，汤色碧绿清澈，滋味幽香醇厚，是茶之佳品。中国佛教协会原副会长巨赞法师在20世纪40年代为此寺住持，作有组诗《桂平西山山居即事十首》。其三即咏及西山茶：

莫谓山居百事捐，清闲未许抱云眠。

松阳趺（fū）坐读书罢，手采新茶供佛前。

捐，丢弃。松阳，南面的松林。趺坐，盘腿交叠而坐，僧人的坐姿。

桂平西山以“佛圣、林秀、石奇、泉甘、茶香”闻名，历代诗人咏颂桂平西山的作品甚多，如：

游思陵山

［明］江万仞

西山佳胜把群芳，初夏登临日正长。
云挂峰腰蒸袖暗，雨回涧口度荷香。
三江缥缈千村抱，百雉嵯峨万里光。
为爱公余酬共适，非关滞久薄淮阳。

作者于夏日游西山，“佳胜”多多。近观，则见“云挂峰腰”，“雨回涧口”，荷花盛开；远眺，则有江水缭绕，千村环抱，高城巍峨。这真是公务之余游乐休憩的好去处啊！百雉，指城墙。薄淮阳，用典，意指瞧不起将要前往做官的地方。这句意为：西山风光之美是事实，并非我在此地做官久了就偏爱这里而贬低其他地方。江万仞曾任浔州府知府，所以末联要点出自己的身份。

西山咏

［清］刘光美

古寺悬丹嶂，层云绕梵宫。

洞飞千尺练，崖列万株松。

猿啸峰头月，樵歌午后风。

更堪凭吊处，吏隐觅仙踪。

八句写七景。梵宫，佛殿。吏隐，即吏隐洞，西山的一处景点，相传唐代御史李明远隐居于此。

思陵峰寄意

［清］陈桂洲

思陵峰耸瞰浔阳，青把双江接混茫。

吏隐洞空人已去，乳泉流出水犹香。

崖悬烟里花为径，亭倚云中石作房。

游屐邀朋驺（zōu）从屏，山灵应不笑尘忙。

陈桂洲曾任广西提督学政，他到桂平，大概是来主持浔州府官学的岁考，趁便当然要游西山了。双江，指郁江和黔江，这两条江在桂平交汇，形成浔江。驺从屏，不带随从。

凡此种种，皆可见西山景色之绝，诗人倾慕之意。

绝胜瑶台万象垂：

玉林水月岩

1988年，广西公布第一批自治区级风景名胜区22处，其中有玉林水月岩，描述如此：

水月岩位于玉林、北流和陆川三市、县交界处，距玉林市区东南11公里，面积7.5平方公里。由水月岩、狮子岩、白石洞、上水洞、摩地洞、仰天洞、红日岩、马协岩、刘三姐洞、龙岩、龙珠湖、大坑寨、将军寨等奇岩异洞和古老村寨组成。岩洞内怪石峥嵘。石笋钟乳，五光十色。洞外有历代人士留下石刻诗文。

显然，此处的水月岩是指以水月岩为中心的景区。

明代文学家曹学佺撰写的《广西名胜志》卷四《郁林州》云：

水月岩，在州东南二十里。洞中虚明，石乳凝结，如琅玕（gān）倒垂，涧水从岩中流，荡漾激石。遵涧行，为阴洞，游必列炬。跨木渡涧数十步，水石益奇，削为芙蓉，伸为仙掌，涡盘柱立，翔飞疾驰，无所不有。

这里提到的水月岩就单纯指岩洞本身了。

早在明代，水月岩就已是郁林州（今广西玉林市）的著名景点，不少文人在这里留下了他们的观感篇章。曾在明万历年间担任郁林州所辖博白县知县的谭岳，作七律《水月岩虚》二首：

大荒名岫（xiù）故清幽，胜概都从一望收。
倒影碧波时淡淡，印湾凉月夜悠悠。
风生涧道浑无暑，气入蓬壶迥似秋。
便拟凌云弃吾土，追随骖（cān）驭问围洲。

削壁凌空四望奇，一峰横翠浸寒漪。
浑疑竺国三天现，绝胜瑶台万象垂。
素魄流辉时隐映，乱云藏穴转逶迤。
羊何旧好偏能赋，不共流霞泛羽卮（zhī）。

谭岳称赞此处简直是蓬莱仙景、瑶台气象，自己因此想要学道修仙去了。这当然不免有些夸张，但足见水月岩洞幽水清、风景如画。胜概，美景。蓬壶，传说中的海上仙山。骖驭，这里指仙人的座驾。围洲，这里指仙境。竺国，天竺国，包含今印度、孟加拉国及巴基斯坦、尼泊尔等国的部分地方，佛教的发源地，这里代指佛教。三天，佛教用语，指欲界、色界、无色界。羊何，为南朝文学家羊璿之与何长瑜的合称，借指喜欢游山玩水的文友。

明嘉靖年间曾任郁林州知州的邝元乐作七绝《水月岩虚》：

月上水生岩半间，岩虚得月透天关。
水流到海源头活，月照人心不照颜。

诗人从水月岩的“水”“月”二字入手，描述水月岩景观的同时，引出一番人生哲理：海之广大是因为有无数源头活水注入，人之善恶在于内心而不在于容颜。

徐霞客于明崇祯十年（1637 年）七月下旬游水月岩。他在《粤西游日记》中记载，水月岩洞内分明洞、阴洞：

前后两门，一望通明，是为明洞。水贯其中，石蹲其旁，夹流突兀，俱作狮象形。洞顶垂石夭矫，交龙舞螭（chī），缤纷不一。其水平流洞中，无融州真仙岩之大，而两崖亦无其深峭，可褰（qiān）裳而涉溪。崖之右，又有一小水，南自支洞出，是为阴洞。

两洞及洞外山崖风景各有千秋，徐霞客用了近千字记叙游历所见。

而描写更为传神的是明天启年间任郁林州知州的杨于陛所撰的《游水月岩记》。他所写洞中之景甚为奇幻：

南北延长，东西奇袤，中结大宇。盖外平内深，象浑天仪。石乳交流，有笋中立，上撑如柱。余目而戏之曰："微此柱，洞其谁支？"坐久纵观，有伏地以处作布袋和尚者，有半空凭虚类菩提萨者，直立倒挂，如飞如潜，如人如马，如金如鼓，是不一相。或青或黄，或白或赤，或碧或绿，相不一色。……迫视之，奇幻万端，又一周天。宝幢翩翩，成行列队，有若青衣童男女侍立者，有若瓶花果核供奉者，有若执盖御马而给使令者，有若搴（qiān）帷设幔碧宫绀（gàn）殿白垩（è）丹漆之煌煌者，洞之深突奥窔（yào）处也。

颇能引人游兴。周天，整个天空。搴帷，拉开帐幕。设幔，挂着帘子。白垩，白色土。奥窔，隐蔽深曲。

清代广西人文宗玠的《游水月岩》云：

独辟人间境，清光一色连。
碧波涵白玉，朗镜入澄川。
桂影秋常满，蟾辉夜倍圆。
风来方似折，涟静媚于渊。
可拟寒宫广，宁邻溪壑边。
泛槎（chá）浮月殿，仿佛洞中仙。

此诗将水月岩比作月宫，水月光影，变幻万千，令人仿佛置身于仙境之中。

水月岩尚有暗洞，当地居民称之为“藏过朝”，传说明建文帝曾藏于此处数年。传说的真伪难以考究，但它给这个景区增添了一丝神秘色彩。

观此宝玄真胜境：

容县都峤山

清代广西容县诗人王维新，作诗夸赞他家乡的名胜都峤山，一开始就说："桂林多奇峰，层叠无结构。徒矜钟乳异，岩穴半瘿（yǐng）瘤。何如都峤山，独自擅雄秀。"他居然认为即便是闻名天下的桂林奇峰也比不上都峤山，不免令人觉得他有点过分吹嘘。那么这都峤山具体有些什么妙处呢？他倒也不厌其烦地介绍："一石一峰峦，一洞一宇宙。堂奥寓其中，城城列广袤。门户自关锁，楼观各左右。下无寸椽承，上无片瓦甃（zhòu）。深光将百间，光明敞白昼。既讶天工巧，亦觇（chān）地力厚。绕涧清泉流，穿崖怒瀑吼。琪花随处馥，珍木终年茂。云飞玉阙开，雨过天香透。月落闻晨钟，风清听岩溜。其余东头峰，险阻亦纷凑。环山老且殁，卒莫尽穷究。"在他笔下，都峤山无论是山石岩洞、楼台亭阁还是花草树木、清泉雨雾，全都自有佳处，妙不可言，一个人哪怕穷尽一生游览，还是不能领略此山全部的佳境。虽然他是在夸赞自己家乡，但所说的并非都是吹嘘之词。

都峤山，位于广西容县城南。清人苏五常撰修的《都峤山志》介绍道：

山在城南二十里，高三百余仞（rèn），周围二百八十里……分为八峰：曰云盖，曰中峰，曰马鞍，

曰八叠，曰兜子，曰仙人，曰香炉，曰丹灶……秀色飞动，中有灵窦，可称神明区域，道书二十洞天。以锐而高，甲于一都，故曰都峤也。

都峤山有众多岩洞寺观，各具胜景。据《都峤山志》所载，有明月岩、灵景寺、飞瀑岩、太极岩、宝元观、核桃岩、宝盖岩、白云岩、龙头岩、牛庵、谢斋岩、半月岩、碑记岩、中宫岩、涧岩、蒲涧洞、仙人桥、鹤岩等。

容县都峤山风光

早在宋代，都峤山就已是游览、修炼的佳处。文豪苏轼南迁，结识在都峤山修炼的道士邵某，作诗《送邵道士彦肃归都峤洞天》赠之：

乞得纷纷扰扰身，结茅都峤与谁邻。
少能寡欲颜长好，老不求名语益真。
许迈有妻还学道，陶潜无酒亦随人。
相随十日还归去，万劫千由了此因。

赞扬邵道士清心寡欲，不求名利，隐居学道，自由自在。许迈，晋代道士。陶潜，即陶渊明，晋代文学家，隐士。万劫千由，万般劫难、千种因由，佛家用语。

宋代被贬到容州（今广西容县）的进士吴元美作《都峤山》诗：

群峦环翠绣江限，八叠中峰洞府开。
剑戟香炉空际列，马鞍兜子上方排。
烟笼丹灶鳌檠（qíng）稳，云盖仙人鹤驾来。
观此宝玄真胜境，何须航海觅蓬莱。

诗中的八叠、香炉、马鞍、兜子、丹灶、云盖，都是都峤山的峰名。澄碧的绣江（今属北流河）环绕着苍翠的群峰，山上洞穴依次排开，恍如蓬莱仙岛。

宋建炎四年（1130 年），宰相李纲被贬至岭南，到容州漫游，登都峤山，写下了《庚戌正月一日游都峤山留五绝句》，其中一首也把都峤山作为仙境来赞美：

> 元日寻真到洞天，溪边春色已嫣然。
> 落花流水人间去，谁道桃源不是仙？

徐霞客用了两天时间游都峤山，仍有若干景点未看到。他在《粤西游日记》中记叙了游程观感，总体印象是“都峤之形，其峰北穹高顶，南分两腋，如垂臂直下，下兜成坞，而清塘一方当其中焉。两腋石崖，皆重叠回亘，上飞下嵌，若张吻裂唇。一岩甫断，复开一岩，层穴之巅，复环层穴，外有多门，中无旁窦”。但他所记山中诸景名目，却与《都峤山志》所载不尽一致，他自己就说：“此中岩名、村界，询之则彼此多错，陟（zhì）之则脉络递现，山灵与杖屦辐辏（còu），其无幽不抉如此！”一些景致令其惊叹：“偕从夫循危崖北行，夹径藤树密荫，深绿空濛，径东涧声唧唧，如寒蛩（qióng）私语；径西飞崖千尺，轰影流空，隔绝天地。若不有此行，只谓都峤南魁北峭，一览可尽，而谁觉其幽悄至此哉！”

明人作诗咏都峤山者甚多。例如：

都峤山

［明］申端

八峰高插碧云间，云是容州都峤山。
石洞犹同天地老，仙翁已去古今闲。
泉飞石上岚光润，霞映云端树色斑。
无限清幽消不尽，登临此日顿忘还。

清幽之境，令人乐而忘返。

都峤山（其二）

［明］杨际会

海上传闻员峤岛，此山应是幻形来。
丹炉日就千年药，金界曾飞几劫灰。
南洞断碑堙旧篆，北坛荒迳长新苔。
白云缥缈生风籁，疑有仙人驾鹤回。

诗人把都峤山比作传闻中的海上仙境员峤岛，虽然现在这里已是一片萧索，满目荒芜，石碑已经折断，湮没在丛草之中，路上长满了青苔，但依然白云缥缈，一片仙气。金界，佛界。劫灰，劫火余灰，佛教用语。

都峤山

［明］李政

洞天三十在人间，都峤原来第几山。
绝顶高凌红日近，回岩深锁白云闲。
飞泉远石伤心丽，芝草桃花满目斑。
游罢清风生两腋，匆匆归路又催还。

道教称神仙居住的名山胜地为洞天，包括十大洞天、三十六小洞天。都峤山为道教所称第二十洞天，登临绝顶，清风拂拂，红日白云，飞泉高挂，芝草繁茂，桃花盛开，确乎不虚此称。

都峤山山势陡峭，攀登不易。如今已建有缆车，顷刻间可登顶。古人若有知，又会作多少诗篇？

北流勾漏洞

古时道家人士从事炼丹修仙活动，大多喜欢找清静的、不受干扰的山间岩洞作为场地，所以有“三十六洞天”之说。所谓“洞天”，指最适宜修炼的名山洞府。其中在广西有三处：太上宝玄洞天，在容县都峤山；秀乐长真洞天，在玉林白石山；玉阙宝圭洞天，就是勾漏洞。

勾漏洞在今广西北流市。“勾漏”本为洞名，所在山亦同名。洞在平地上，洞中有洞，其名不一。清人顾祖禹的《读史方舆纪要·广西一》记载：

勾漏山，在梧州府郁林州北流县东北十五里。平川中有石峰千百，皆矗立特起。其岩穴勾曲穿漏，因名。……岩东五里许有白沙洞，纵广一顷，高数十仞，下有涸井数处，皆旧时采砂处，其砂独白，因名。……

又西北曰宝圭洞，为勾漏之正洞，有石室三，《道书》以为第二十二洞天也。宝圭之西则为勾漏洞，其旁又有龙潭、太阳、太阴诸洞，皆洞之支出者也。《志》云：勾漏洞天四面石山回绕，其中忽开，平野数里，洞在地上，不烦登陟，外微敞豁，中有暗溪，穿贯而入，与北流水合。其最胜者则为白沙洞。祝穆云："勾漏甲于天下，而白沙又为勾漏第一也。"

勾漏洞之轮廓，于此可见一斑。

相传东晋道教著名人物葛洪听说勾漏洞能产丹砂，可做炼丹之用，于是他请求朝廷任命他为勾漏县令，以便就地取材。这里流传着许多有关他的故事，当地人为了纪念他建造了葛仙祠，但也有说法否认葛洪到过勾漏洞。而前人题咏记叙勾漏洞的诗文甚多，其内容多与葛洪有关联。南宋名臣李纲被贬途中游勾漏洞，作七绝《过北流县八里游勾漏观留五绝句》，前二首云：

百里仙山气象雄，参差峰岫翠成丛。
云骈鹤驭今何处，丹灶依然洞穴中。

葛翁求令为丹砂，今我来从海上槎。
秖恐山灵嫌俗驾，未容归客卧烟霞。

他抗敌受阻，贬来此处，但依然并未消沉。云骈，云车。

勾漏山

［明］杨际熙

葛令何曾采药来，其如选胜化罗浮。

洞门不锁霞光迥，丹灶无烟古木秋。

杨氏就不相信葛洪曾到勾漏洞。罗浮，山名，在今广东博罗。据说葛洪前来勾漏洞途中停留于此山，后来死于该山。

勾漏歌

［明］苏濬

息马山之曲，春草萋以绿。

白云何意出层颠，千峰万峰自相属。

数声鸡犬空中闻，百丈蛟螭岩际宿。

山前老叟向余歌，嘲风弄月谁羁束。

欲访山翁何处寻，笑指松间一茆（máo）屋。

当年葛令安在哉，片片烟霞出空谷。

幽枝堪挂竹皮冠，清溪不碍荷芰服。

珠玑芝田俨相向，凤管龙笙断复续。

莫问丹砂事有无，一醉山中万事足。

葛令不在，丹砂难觅，只好一醉山中了。

清人杨恩寿作长诗《勾漏洞放歌》：

少小听人谈勾漏，只得耳闻未目觏（gòu）。
不到二十二洞天，自觉区区眼界陋。
抱朴真人奇我才，飞符千里招之来。
急屏尘缘出山郭，平生怀抱今为开。
一山一山插南斗，山势欲逐行人走。
千年石洞长不扃，两旁疑有痴龙守。
洞中有洞高于楹，一枝石柱凭中撑。
流泉涓涓作细响，震耳如闻金鼓声。
土人秉炬入穴照，混沌之中别有窍。
穴中顽石强出头，欲看青天何状貌。
矜奇立异都玲珑，化工至此难为工。
一石各有一石妙，千石万石无雷同。
人生偶到此间住，不饵金丹亦仙去。
何必老守丹灶旁，终日苦将炉火炷。
…………

笔触跳脱，富于想象，文字清奇，颇有意趣。

徐霞客来游勾漏洞时，遍览洞中各景，在《粤西游日记》中以数千字纪之，其中有云：

探历久之，道者负炬至，又携伴持筐。余询其故，道者曰："县以司道命，取砂米二升，适有庠（xiáng）士已为我觅仙米，而砂从洞穴中可探而得，将携筐就炬以览之。"始知所为砂者，非丹砂，乃砂粒如丹，其色以白为上，而黄次之，故其北洞以白砂命名；所谓米者，乃山洼中菰米，土人加以"仙人"之名耳。

他来时碰上勾漏庵中道士奉当地县官之命，寻找洞中丹砂及仙米。他心想难道真有这些东西？原来这些东西乃是寻常之物，"土人加以'仙人'之名耳"。所谓仙人遗迹，大多类此。

千古苍梧剑气明：

苍梧八景

古诗文尤其是地方志中，有许多所谓“八景”诗，形式基本上为一景一诗，各有四字题。虽然这些诗文所咏之景真正知名者不多，但“苍梧八景”为其中名实较为相符者。

明代才子解缙的《苍梧八景》诗有两种版本。乾隆《梧州府志·艺文志》及《解学士文集》所载为：

千古苍梧剑气明，白云深锁鹤回程。
孤洲系住龙潜见，双井中分水浊清。
牛粪黄金遗古迹，鱼生丙穴出嘉亭。
鳄鱼已去无消息，皓月清风一舜庭。

而同治《苍梧县志》卷一所载解缙的《苍梧八景》诗为：

八景苍梧夙记名，云岚桂楫趁春晴。
浪翻洲渚观龙系，日照冈峦听鹤鸣。
唤渡舟横仙珮响，临池风细月波生。
火山冰井铭镌石，元结当年最有情。

并非个别文字差异，而是完全不同。所同者，都是一诗咏八景。比较起来，应以作者文集与出书年代在前的乾隆《梧州府志》所载为准。就诗意而言也是前者为佳。

苍梧八景，亦名“梧州八景”。苍梧为古郡名、古县名，唐代改梧州，明清为梧州府，治所在苍梧县，所以，“苍梧八景”与“梧州八景”可相通，这八景是桂江春泛、云岭晴岚、龙洲砥峙、鹤冈返照、金牛仙渡、鳄池漾月、火山夕焰、冰井泉香。“八景”的知名度各不相同，其中火山夕焰与冰井泉香名气最大。

“八景”之一的冰井，又称冰泉，历史悠久，为唐代容管经略使元结所发现，因其水冰凉，故命名为“冰泉”，元结作铭文以纪之：“火山无火，冰泉无冰；惟彼泉源，甘寒可征。铸金磨石，篆刻此铭；置之泉上，彰厥后生。”铭文将冰泉与火山相提并论。此后千余年，吟咏者甚多，宋代曾任梧州知州的任诏作《冰井》：

驱车出东门，弭节访冰井。
寺古栋宇倾，碑折苔藓屏。
源泉池中生，莹净可鉴影。
命僧旋汲之，入口胜霜冷。
试烹白云茶，碗面雪花映。
清泠涤烦襟，润泽劳瓶绠。
可以濯我缨，悠然脱尘境。

冰井之水，不仅烹茶味道绝妙，而且饮之可以忘却烦扰，开阔胸襟。弭节，指停车。瓶绠，汲水的用具。濯我缨，出自《楚辞·渔父》“沧浪之水清兮，可以濯我缨”，这里的意思是洗去我身上的凡尘。

“火山夕焰”一景在梧州江边，相传汉代南越王赵佗（一说为赵佗所封苍梧王赵光）曾埋宝剑于山中，夜中常有火光冲起，故名。明人吴淇作《咏火山》：

梧城临大江，火山踞对岸。
传闻赵佗王，埋剑山下畔。
此剑本龙精，曾经欧冶锻。
断崖崖可裂，吹发发自断。
入地两千载，了无剥蚀患。
皎若屈阳华，夜射斗牛烂。

我欲往掘之，博识愧雷焕。
神物会有时，不求或自见。
情蕴道无吝，精存气自贯。
梦中肯飞来，何待风胡辨。
持以行四海，一决浮云散。

题为“咏火山”，但内容通篇都是咏宝剑；传闻火山之火乃宝剑发光，故如此亦可切题。诗人联想此剑虽埋地两千年，依旧光芒四射，锋利无比，可惜自己没有雷焕的本领，无法找到。欧冶，古代著名铸剑工匠。屈阳华，阳光聚照的花朵。斗牛烂，星斗灿烂。雷焕，晋代人，术士，曾为张华掘得地中宝剑。风胡，风胡子，春秋时期楚国人，善于识剑、铸剑。

鳄池为一大鱼池，相传扶南王范寻曾在池中养鳄鱼。清人卓其炤作《咏梧州八景·鳄池漾月》：

十亩池塘一鉴方，当年驱鳄拟潮扬。
而今浪息波平后，洗出冰轮永夜光。

“潮扬”应为“潮阳”，潮阳为唐代郡名、县名，在今广东。唐代文学家韩愈被贬到此处，当地多有鳄鱼之害，韩愈作《祭鳄鱼文》以驱之。此处由“鳄池”

之名引用这一典故。

“金牛仙渡”为一渡口，其处有牛金石。相传古时有道士在此牵牛乘船渡江，牛排粪于船中，后来船夫视之，牛粪皆金。清人屠英作《金牛夜渡》：

粤峤西来第一津，晴沙漠漠水粼粼。
凡心讵识仙源近，欲眼偏逢道骨真。
石已惊残江上客，金应买断渡头春。
牵牛此去无消息，奚啻（chì）人天隔两尘。

作者站在“晴沙漠漠”的渡口，突发奇想：此处有些荒凉不见春色，莫非那位仙人已经用牛粪金将此地的春意全都买断了吗？粤峤，五岭以南地区。讵，怎能。奚啻，哪里只是。

“鹤冈”即白鹤山，在桂江畔。清人关正运作《鹤冈返照》：

城西隔岸叠峰稀，落日平冈见鹤飞。
山上赤腾余倒景，江心红映半斜晖。
四围暮色侵樵径，一片霞光向钓矶。
最是可观翻石壁，水边人立似衣绯。

句句扣住所见实景下笔。倒景，同“倒影”。衣绯，穿着红色衣服。

“龙洲”即系龙洲，为一江中洲岛。明人王文灿作《龙洲砥峙》：

屹然江上孰为俦（chóu）？耸翠连云日夜浮。
看尽长空飞野马，会归冥漠泛虚舟。
只凭定力高深在，直任狂澜左右流。
风细月明相对好，不妨呼作小瀛洲。

这龙洲岛屹立江中，任凭狂流撞击，巍然不动，淡定自若，看尽长空白云、往来飞舟，真如同一座微型仙山！孰为俦，谁作伴侣。野马，指飘飞的云气。瀛洲，传说中的海上仙山。

“云岭”即白云山，白云山气势磅礴，站在山上可将全城风光尽收眼底。清人李世瑞作《云岭晴岚》：

翘首城东望眼齐，新晴岚气古蛮溪。
几重高楼通星北，一抹遥连挂榜西。
晓露乍溥（pǔ）初日上，晚烟如幂夕阳低。
佳哉郁郁葱葱处，遗老徒闻觅锦鸡。

“晴岚”即“新晴岚气”，但诗意并不仅仅写“晴岚”，更多的是写“翘首城东”所见景致。挂榜，山名，在云岭对面。溥，广大。遗老，此处指历经世态变故的老人。锦鸡，岩名。

“桂江春泛”亦称“鸳江春泛”，因梧州桂江又称“鸳鸯江”。清人卓其炤作《咏梧州八景·桂江春泛》：

一湾绿水绕城西，烟雨苍茫入望迷。

争说鸳江当日事，无人更听鹧鸪啼。

无人更听鹧鸪啼，言外之意是此地风光佳好，游人驻足不愿归去。古人认为鹧鸪的啼声似乎是说“不如归”。

“苍梧八景”展示了梧州独特的山水景观和丰厚的历史积淀。

梧州鸳鸯江

翠霞高抱玉峰闲：

柳州立鱼峰

唐代文学家柳宗元作《柳州山水近治可游者记》：

石鱼之山，全石，无大草木，山小而高，其形如立鱼，尤多秭归。西有穴，类仙弈。入其穴，东出，其西北灵泉在东趾下，有麓环之。泉大类毂，雷鸣，西奔二十尺，有洄在石涧，因伏无所见，多绿青之鱼，多石鲫，多鲦（tiáo）。

秭归，即子规，又名杜鹃（鸟名）。毂，指车轮。因柳宗元的大名和他这篇游记的影响，柳州这座本来叫“石鱼山”的山峰，又有了“立鱼峰”之名，而今用名为“鱼峰山”，成为一处山水名胜。

乾隆《柳州县志·山川》记载：

石鱼山，在城西南二里，山小而高，形如立鱼，一名立鱼峰。山畔有立鱼岩，岩下三洞相通，玲珑深秀，多名人题咏。旁有龙潭。

这相通的“三洞”，今人加以想象，扩展为鲤鱼岩、清凉洞、罗汉洞、盘古洞、纯阳洞、阴风洞、螽斯岩、三星洞等洞。其中在清凉洞、罗汉洞、三星洞等处有数十方题咏石刻，当然作者未必都是名人。而山下的“龙潭”据说与柳江相通，水光山色，自成天趣。

历代游立鱼峰的诗作颇多。例如：

登立鱼峰

［宋］覃庆元

载酒听莺语，春风到处吹。

鱼峰如有约，蜡屐正相宜。

末二句意为：如果立鱼峰与我有约会，那么我这双登山鞋就正好适用了。看来诗人尚未登上立鱼峰，他是虚处下笔，模拟登山。此诗《全宋诗》未收。

登立鱼峰

［明］戴钦

小龙潭上立鱼山，绝壁悬萝岂易攀。

金磴斜分天路转，翠霞高抱玉峰闲。

洞中白日凭吞吐，江上渔舟自往还。

清啸随风落牛斗，置身遥在五云端。

戴钦是明代“柳州八贤”之一。戴钦之孙戴震作诗和之：

何年矫首错群山，仙阙宜从此际攀。

北海有灵谁破浪，南皋无累学投闲。

惊飞鳞鬣（liè）交风雨，寥阔天渊任往还。

不肯清川尚潜处，长留突兀与人间。

戴震的文采颇有乃祖之风，可谓虎祖无犬孙也。皋，水边高地。投闲，闲散玩乐。惊飞鳞鬣，飞鱼跃出。

同为柳州人的明代进士储良材作《鱼峰避暑》：

炎蒸幸不恋空山，风拂苍萝暑尽删。

醉卧石床清昼永，此身好共白云间。

储良材是实用主义者，他只看中立鱼峰上好乘凉。

清代广西壮族诗人凌应楠作《龙城立鱼峰》：

象台犀角龙城口，屹然一峰插南斗。立鱼遗蜕几千年，惊涛时动寒潭吼。忆昔龙门烧尾来，排山倒海破空走。怪雨盲风郁不飞，甘霖遍洒九州九。一朝鳞甲化石鲸，腾身岂肯灾培塿。顶天立地势峻峋，要与乾坤争不朽。其扬尔鳍举我手，山间栖迟宁可久。烟云好护此山首。

将“立鱼”拟人化，想象奇特，颇有天马横行之势。龙门烧尾，指科举考试中榜举行宴会庆祝。凌应楠中过举人。九州九，即九州，指全中国。培塿，小土山。

登立鱼峰

［清］叶时晰

为爱此山好，频为竟日留。
乱泉汇合口，一鹤住峰头。
云泾晴疑雨，气寒春亦秋。
那辞危坐久，石上记重游。

从“频为竟日留”“石上记重游”两句看，他曾多次游此山。

题立鱼峰

［清］李均

偶有渡江约，烟霞岁月侵。
名山如旧好，我辈复高吟。
潭影涵天地，岚光自古今。

刘三姐骑鱼飞天雕像

浮生琴酒暇，能得几登临？

相传歌仙刘三姐曾在立鱼峰驻留唱歌，后来在山下龙潭中骑鱼飞天成仙。当地有山歌云：“柳州有个鱼峰山，山下有个小龙潭。常年四季歌不断，都是三姐亲口传。”今鱼峰山上有“三姐岩”“对歌坪”等，此处甚至形成“鱼峰歌圩”。郭沫若的《柳州登立鱼峰》咏此事：

立鱼峰半歌声发，应是刘三姐再来。

驾驭鱼龙飞九有，神州到处是歌台。

九有，即九州。

不火而热万斛泉：象州温泉

广西独特的地形地貌孕育了一批天然温泉，其中，象州温泉的地质特点与人文色彩是十分突出的。

象州温泉位于象州城东十余里，所在地名为“热水村”。“热水”是象州温泉的古称，形象而通俗，也是象州人更喜欢的名称。同治《象州志·纪地》云：“温汤泉，在阳寿县东二十里，洞出武单里洞心石穴，水常热，可以熟物。即旧志之濮泉，今云热水。”阳寿是旧时象州州治所在县，象州温泉在清代就被称为“热水”，又名“濮泉”“温汤泉”。由这个名称生发出来，象州还有“热水江”“热水桥”等别名。乾隆《象州志》卷一云：“热水江，在北下里，源出瓮岭，自南北流入象江……热水桥，在州城东十八里。”

象州温泉分大、小两泉。大泉与河相通，水温比小泉稍低。小泉水温甚高，据今人测量高达86℃。据说将鸡蛋放入热水中，很快就熟。

同治《象州志》对象州温泉的描述较为笼统，乾隆《象州志》则记叙得更为细致。该书卷一记：

濮泉，在城东二十五里，即热水之下流也。北流汇于象江，松桧森森，水石交映，名曰濮水名泉，为州八景之一……热水池，在北下里热水村旁，水沸如煎，鸡子可熟。

对照分析，被志书作者认为是热水下流的濮泉，应该是指大泉，因为大泉水混入江水，作者就将泉水视为江水下游；而“热水池”是指小泉，“水沸如煎，鸡子可熟”正是它的特点。

被誉为“粤西一代真才子，岭表千秋古硕人”的清代著名文学家郑献甫就是象州人。他对自己家乡的温泉情有独钟，特作《热水铭》以纪之。在小序中，他说此热水泉“夏无火而焰青，冬有冰而烟白。浑泡正出，沦涟旁流。其温者可以浴鹄，其沸者可以瀹（yuè）鸡”，比古书中所载的其他温泉更胜一筹。然而却因地处僻远，外人难知，湮没无闻，真是“一大恨事”，所以他要为之作铭。铭曰：

煮百斛鼎，其水常洌。涌万斛泉，不火而热。地志未详，天浆自泄。浴可去疾，浸可烹鲜。藏砂蓄硫，亦想当然。曲阿沸井，枣阳汤泉。格功量德，莫之或先。郑子为铭，刘生代镌。水峙一石，长垂千年。

郑献甫自信地觉得他的铭文可与这“热水”“长垂千年”。如今看来，这话倒也不算过分自吹。

“濮水名泉”为旧时象州八景之一，自然少不了文人作诗题赋。古代文人固然少有在大庭广众下泡澡之举，但舞文弄墨是常有的，如：

热水泉

［明］刘志英

烟暖霞蒸景未磨，仙源仿佛落银河。
井边丹汞烧清液，琴里薰风起绿波。
飞瀑流云输静穆，冷泉寒月少阳和。
分明既济滋离火，莫作寻常水石歌。

以《易经》卦象形容温泉，倒也别致。仙源，仙水源头。阳和，温暖之气。既济滋离火，既济是六十四卦之一，为坎水在离火上之象。

热水泉

［清］方克任

幽壑流砰湃，溶溶就浅深。

仙源炎火炽，清液暖霞侵。

淑气生浮蓤（líng），薰风满碧浔。

冷肠如可洗，聊为涤烦襟。

由温泉之热水联想到人之“冷肠”，作者大概另有感触。

濮水名泉

［清］江容淮

玉液涓涓景独殊，仙源支派出方壶。

龙鳞映水连松桧，鸥鸟随波隐荻芦。

响带潮声鸣杂珮，浪摇月色散明珠。

冰心淡荡归何处，一勺飞泉想五湖。

末句意思是温泉之舒适令人生出归隐江湖的念头。方壶，传说中的海上仙山。

壬子重游热水赋

［清］石汉章

松径阴森尚有村，丛祠零落已无门。

海非穷塞常疑热，地比华清更觉温。

行客争趋炙手地，同人戏凿洗头盆。

纪游碑断摩挲读，几字犹烦别藓痕。

华清，指唐代华清宫中的温泉，即《长恨歌》所写杨贵妃“温泉水滑洗凝脂”之处，在今西安。

今天的象州温泉已经扩建成温泉度假村，其中包括温泉宾馆、矿泉水厂、温泉泡池、游泳池、综合娱乐中心等。郑献甫先生若地下有知，大概会来一篇《热水新变赋》吧。

眼中一片迷离景：

大明山

大明山，曾名为“大鸣山”，主山在今广西南宁市武鸣区，局部延伸至上林、马山、宾阳。

民国《武鸣县志·地理考》记载：

> 大鸣山，省志作“名山”。山与上林县抵界，又名镆铘（mòyé）山，昔有人得古剑于此，故名。高数百丈，延袤三百余里。上有风穴，下有神祠，古木连云，层峦障日。为武鸣诸山之冠……山之最崇处，名为镆铘。遥望三峰极天，登其巅，群峰相向。山坳坦处，有石枰一，石墩八，石灶七，尘不到，苔不封。四周茶树，古茂异常，所谓仙墟也。

镆铘山（今称“龙头山”）是大鸣山的主峰，所以亦作为大鸣山的别称。大鸣山还有许多山峰，同上县志载：

附镆铘者有：镜石峰，颇特异。自镆铘而南，有照阳峰、迷妹峰、禄公峰，均秀拔轶伦。其派衍稍远，则有飞鹅岭，最峻险，又名九鹅。自镆铘而北者，有绿林峰、并头峰，亦端秀特出。有谢岭，为县脉初出处，亦崇峻而稍逊镆铘。有望兵山，圆耸出群；有七凤岭，形如七凤齐飞；有六马坡，形如六马并骋。胜状各别……纪大鸣之胜，允当以镆铘为主。每岁秋，烟云郁积，内有声，似风非风，似雨非雨，似雷非雷，似波涛非波涛，或三日或旬日乃止。名曰“大鸣”，有以也。

明清时代，大鸣山是武缘县（今广西武鸣）“八景”之一，吟咏者众多。

清人刘定逌（yóu）作《大明山遇雨次耿明府韵》：

策蹇镆铘山畔行，乱云急雨一时生。
风声渡涧喧林麓，岚气浮空结化城。
新水频添旧水浊，午烟不断晚烟迎。
眼中一片迷离景，好与维摩寄远情。

刘定逌乃武缘县人，乾隆十三年（1748 年）进士，官翰林院编修，传说他因得罪和珅被免职。虽然丢官，但家乡有此“一片迷离景”，也足可相伴余生了。策蹇，骑着瘦驴。化城，幻境。维摩，指唐代诗人王维，他酷爱山水。

明人李璧作《镆铘山》：

仙人佩得镆铘还，误落飞泉第一湾。
三尺精灵化龙去，空留万丈镆铘山。

李璧是武缘县举人，官至户部员外郎。三尺精灵，指宝剑，即“镆铘”。

清人耿昭需作《游大鸣山》：

寻芳止止又行行，积翠千层拂面生。
满地白云流玉液，插天丹嶂拥霞城。
危崖古壁重重峭，瑶草琪花处处迎。
莫让名山僧占净，扶笻瞻眺且舒情。

耿昭需是湖广黄安（今湖北红安）人，清乾隆年间曾任武缘县知县，上引刘定逌诗题中的“耿明府”就是他。扶笻，扶着手杖。

清代武缘县人黄銮作《游大鸣山》：

万丈巍峨插碧天，登临身在白云边。
俯看一切群峰小，千里江山在目前。

清代武缘县人黄维圻作《大鸣山》：

不与众山群，屏藩县界分。
瀑飞天半雨，树拥日边云。
虎迹樵夫见，猿啼过客闻。
延袤不计里，横亘雾纷纷。

高耸万丈，绵延千里，雨落天半，树近日边。两诗皆能展现大明山的气势。延袤，绵延伸展。

清人黄君钜所作的杂言古风《大明山》，文笔跳脱：

万丈穹隆跨绝城，武缘西南上林北。绵亘百里扼昆仑，控制九土耸崱屴（zèlè）。君不见，叠翠嵯峨云一带，三日成霖雨天外。镆铘飞出两白龙，奔注凤山细流会。盈盈十里归渡头，双江绮合共悠悠。远送行舟出思武，东下南海历沧州。又不见，浙人青箬（ruò）绿蓑富薯芋，短柄长镵（chán）勤发虑。种或香蕈（xùn）生息蕃，聚族结庐不归去。山花如云红似火，山鸟画眉声琐琐。扪参历井越涧过，时逐猿猱（náo）拾坠果。东峰晴明西峰雨，樵子深入白云坞（wù）。伐木丁丁不见人，忽闻树巅鸡报午。郁郁纷纷苍翠浮，常有仙人绝顶游。崖前松偃石枰（píng）暗，遐心空谷弥深幽。

南崧归老爱登陟，峤西诗成剩余墨。我亦小隐隐山林，形容不尽遥相忆。

黄君钜也是武缘人，道光二十九年（1849年）举人，在云南做过几任知县。他对家乡的这座名山喜爱有加，作此长诗赞颂，赞山赞水赞人，想象丰富，文笔跳脱。昆仑，指昆仑关。九土，指思恩府所辖的九土司。崱屴，高耸险峻。思武，思恩和武缘，思恩为明清府名，治所在武缘。扪参历井，摸到参星，触及井星，此为夸张说法，形容山之高，语出李白《蜀道难》。石枰，石板棋盘。南崧，指张鹏展，其号南崧，广西上林人，乾隆年间进士，官至通政使。峤西诗，指张鹏展主编的广西诗总集《峤西诗钞》。

今天的大明山已是国家级自然保护区。过去诗文和旧志中提到的这些名称当然不全保留，但此地风景不仅依旧，而且更添新景，如“三滩龙尾瀑布”、商周墓葬群元龙坡遗址、战国墓葬群安等秧坡遗址等。

人文胜迹

留得高名万古传

铧嘴分舟骑石行：兴安灵渠

两千二百多年前，秦始皇令官员史禄在今广西兴安县境内，指挥数以万计的人建成了世界上现存最早最完整的古代水利工程之一——灵渠。

最初修建灵渠是为了给进攻岭南的数十万秦军运送军粮，这个目的当然达到了，秦始皇能统一岭南地区，灵渠功不可没。但是，灵渠的意义和历史地位不止于此。它连通了湘江和漓江，宏观上说也就沟通了长江水系和珠江水系，形成一个巨大的水运网络。这对加强南北交流，密切人民往来，促进经济发展都有积极意义。作为一项重要的水利灌溉工程，它一直到近代仍在发挥作用。

灵渠在古文献中的别名甚多。

《旧唐书·懿宗本纪》记载："[咸通三年（862

年)]夏，淮南、河南蝗旱，民饥。南蛮陷交阯，征诸道兵赴岭南。诏湖南水运，自湘江入澪渠，江西造切面粥以馈行营。湘、漓溯运，功役艰难，军屯广州乏食。”此“澪渠”即灵渠。顾祖禹《读史方舆纪要》卷一百七《广西二》亦云:“灵渠在县北五里，即道漓水处。南经灵川县入临桂县界，亦谓之澪渠。《水经注》‘湘水自零陵西南谓之澪渠’是也。”

宋人刘克庄来到广西，见到灵渠，作诗《铧嘴》：

州传灵渠自秦始，南引漓江会湘水。
楚山忧赭（zhě）石畏鞭，凿崖通堑三百里。
篙师安知有史禄，割牲沉币祀渎鬼。
我兹阁舟怀若人，要是天下奇男子。
只今渠废多人修，嗟乎秦吏岂易訾。

这是以“铧（huá）嘴”代指灵渠。铧嘴是灵渠极为重要的设施，用来将海阳河水分别导入南、北水道。范成大亦有《铧嘴》诗：

导江自海阳，至县乃弥迤。
狂澜既奔倾，中流遇铧嘴。
分为两道开，南漓北湘水。

至今舟楫利，楚粤径万里。

人谋敚（duó）天造，史禄所经始。

无谓秦无人，虎鼠用否耳。

紫藤缠老苍，白石溜清泚。

是间可作社，牲酒百世祀。

修废者谁欤？配以临川李。

前有小序云：“铧嘴，在兴安县五里所，秦史禄所作也。迎海阳水，垒石为坛，前锐如铧，冲水分南北，下为湘漓二江，功用奇伟。余交代李德远尝修之。”

明人解缙作《兴安渠》：

石渠南北引湘漓，分水塘深不作堤。

若是秦人多二纪，锦帆直是到天涯。

诗题的“兴安渠”即灵渠。解缙联想到：若是秦朝再多几十年，这灵渠还不知道要修到什么地方去呢！

明代曾任全州（今广西全州）知州的顾璘作《兴安陡江口号》：

江擘山头出，舟骑石背行。

问君缘个事，辛苦作南征？

诗题的“陡江”即灵渠，因灵渠有三十六道陡门而名。陡门是现代船闸的前身，作用是提高或降低运河的水位。“舟骑石背行”一句十分传神地描绘出灵渠“浅、狭、曲、急”的特点。

陡江亦作“陡河”。清代曾任广西布政使的张祥河作《陡河》：

> 大天平接小天平，铧嘴分舟骑石行。
> 极望陡门三十六，海洋山引一源清。

清代广西永福人李熙垣亦有《陡河》诗：

> 几日飞帆滞陡河，一重水尽一重波。
> 摇舟直上红沙堰，两岸山风动棹歌。

明人俞安期作《舟经秦渠即景作》：

> 秦渠曲曲学三巴，离立千峰插地斜。
> 宛转中间穿水去，孤舟长绕碧莲花。

诗中的“秦渠”即灵渠。

因年代太过久远，灵渠难免损毁，但历代均有修缮。前引刘克庄、范成大的诗都提到修整灵渠。顾祖禹的《读史方舆纪要》记载：

> 灵渠以引漓水，故秦史禄所凿。或谓之秦凿渠，

兴安灵渠

后废。唐宝历初，观察李渤设斗门十八以通漕，俄又废。咸通九年(868年)，刺史鱼孟威以石为铧堤，亘四十里，植大木为斗门，至十八重，乃通舟楫。宋庆历中，提刑李师中修浚，后守臣边诩等复累加修葺。

明代修葺更多。明洪武年间，御史严震直奉命修灵渠。竣工后作诗曰：

岭外河堤筑已完，促装归去去朝天。
桃花满路落红雨，杨柳夹堤生翠烟。
黎庶勤劳功幸就，清朝治化德为先。
老臣自愧恩无报，但祝皇图亿万年。

其中“桃花满路落红雨，杨柳夹堤生翠烟”成为描写灵渠美景的名句，广为流传。严震直此次修浚灵渠赢得了不少赞赏，不少人以诗文记录此事，如明代广西怀集（今属广东）人吴勤即作《题重修灵渠卷》：

…………

我朝洪武丙子冬，绣衣御史远乘骢（cōng）。

奉命重修董斯役，规画晨夜勤丹衷。

万夫云会争趋事，咄嗟指掌收成功。

甃就陡门三十六，长堤屹立如崇墉。

青山环绕湘江曲，龙母祠前春水绿。

舟航来往是通津，灌溉良田万顷足。

白云攀桂架舆梁，千秋峡路无倾覆。

…………

清代亦数次修灵渠，如《清史稿·河渠四》记载：

雍正……八年，帝以宁夏水利在大清、汉、唐三渠，日久颓坏，命通智同光禄卿史在甲勘修。是年修广西兴安灵渠，以利农田，通行舟。

天南杰构推此阁：经略台、真武阁

经略台、真武阁（旧称“真武庙”）在今广西容县，真武阁建于经略台上，但经略台的历史比真武阁更为悠久。二者密不可分，均为广西著名古迹。

光绪《容县志》卷四《古迹》：

经略台，在永安门外，唐经略使元结常游玩于此，因名。明初改为真武庙。嘉靖间重修，训导梁珮有记。万历间，知县伍可受以城中屡遭回禄，集乡宦杨际熙等，增改层楼，以厌南方火星。岁久倾圮。国朝康熙间，知县徐发倡议修复，邑举人覃思孔总其役，额曰“古经略台”，仍旧号也……逮同治十二年，知县陈师舜因日久朽蠹（dù），会绅重葺。台之地势，如凤展左翅，横翔江浒，凭高四瞩，面都峤而枕大容。诸天梵呗与江介欸乃声，遥遥相应。寺前苍崖壁立，老树盘拏。

夏秋间，游屐多萃于此。真天南杰构也！

“明初改为真武庙”的表述欠清楚。因为台和阁各为一物，经略台为唐代容管经略使所筑，大概是用来点将阅兵。清人徐发作《真武阁记》，有云：

当斯时也，崇牙大纛（dào），壁垒旌旗。武夫导于前，棨（qǐ）戟拥于后；坐斯台者，远望蛮窟，指挥将士，或定策帷幄，或决胜疆场，固不仅为游观之乐也。

真武阁则是后来建于经略台上的阁楼，两者不能互相改换。所谓“明初改为真武庙”应该是“明初于台上建真武阁”。

真武阁应为祭祀真武大帝之庙。清乾隆年间，容县知县张潾作《重修真武阁记》，有云：

城东有杰阁三层，以祀真武而祝万寿，即于是焉。阁高冠南山，绣水环其趾，窗牖四辟，旷览数十里外，容邑之巨观也。相传唐次山元公经略容管，即此地建经略台，阁仍其旧，迄今千有余载矣。

光绪《容县志》所谓“天南杰构”之赞语，即是针对真武阁而言。真武阁为三层木制楼阁，结构巧妙，采用三层檐、歇山顶，以穿斗式构架串联嵌合数千个木部件，彼此扶持，互相制约，不用任何铁构件，组成一个稳固的统一体。二楼有四根承重的大内柱，柱脚却悬空离地一寸，尤见精巧。

今人多喜真武阁而忽略经略台，而相关古诗文则大多是以经略台为叙咏对象。

明代容县知县区龙祯《经略台怀古》云：

越南西去古铜开，牂牁之水何年至。
别有容江绕故台，台自开元间树帜。
南屏矗矗都峤君，人容虎踞并超群。
划成千古英雄地，往事升沉怅夕曛。
骆驼坝，龙巷军。九派汇，师武臣。
当年节钺知谁在，五笕芳名今尚闻。
间有漫叟为元氏，轻裘缓带羊叔子。
文章已擅盛唐名，南海泱泱分赐履。
忽忆莲湖面面亭，风流易尽留芳芷。
行尘不隔荔枝红，杨湾尚在杨妃死。
地灵人杰总一时，销越歇晋千江里。

…………

所怀的古人、古事、古迹，是曾在这经略台上手持节钺指挥兵马的名臣元结，以及著名的杨贵妃

（杨贵妃是容县人，也有其他说法），却并未提及真武阁。开元，唐玄宗李隆基的年号。都峤、大容，均为山名，在容县。九派，此处指多条江河。五筦，一作“五管”，唐代指广州、桂州、容州、邕州、安南五个地区，后世泛指今中国两广地区以及越南一带。漫叟，元结的号。羊叔子，羊祜，字叔子，晋代名臣。南海泱泱分赐履，指在广大的南方担任封疆大臣。杨湾，地名，在容县，据说是杨贵妃的出生地。

清代容县举人植廷纪咏经略台七律虽提到“登楼”，但从头至尾都在怀念元结：

元戎节钺忆当年，经略勋名炳简编。
伟绩至今昭日月，高台终古拂云烟。
万松亭北来樵唱，五管城南泊钓船。
白日登楼惟一醉，不堪追念祖生鞭。

元戎，元帅；经略，容管经略使，均指元结。祖生鞭，用晋人刘琨“常恐祖生先吾著鞭”的典故，表示努力进取。祖生，祖逖，与刘琨均为晋代名将。

清代容县诗人封莨英所作的《经略台怀古次李永茂尚书韵》怀古伤今：

旷代文人命世才，南天节制百蛮开。
千秋勋业留残碣，几度登临话劫灰。
城上西风寒角动，江头落日暮潮哀。
荒凉举目山河异，不但兴亡事可猜。

也是全在怀念元结。

古人多吟咏经略台大概是因为它与唐代名流元结有关。元结，河南人，字次山，号漫叟。768 年，元结调任容州刺史兼容管经略使并授予容州都督职衔，一年后离任。时值安史之乱后，社会动荡，元结受命于危难之际，保一方平安，百姓深感其德。

清人王维新有词《三台》，咏其家乡三处古迹，即经略台、读书台、钓鱼台：

容县经略台真武阁

凤洲旁芳草嫩绿，百尺台连经略。枕绣江，春至浪花浮，爱前代添来高阁。罘罳（fúsī）障，赋手何萧索，怅旧日勋名如昨。但城上留得灵钟，遇扣击韵流寥廓。

望书台十里岸侧，景与桃源相若。夜静后，谁送诵声来？竟早被渔人知觉。灯檠（qíng）焰一点隔江著，讶太乙星精飞落。为甚事日出无闻，见烟水自淘沙脚。

更韦丹遗迹废尽，钓台尚传西郭。挂竹竿，直悟到忘机，瘴烟净，游鱼争跃。秋将届，碧月寒如削。待画船滩上停泊。念尘世如梦如泡，料无妨恣情行乐。

所咏的“三台”又刚好是所用词牌名，颇见巧思。罘罳，屏风。赋手，诗人。韦丹，唐代人，曾任容州刺史兼容管经略使。

今天，经略台与真武阁已作为一个整体，成为全国重点文物保护单位。

昆仑关，这个名称在中国历史上威名赫赫！

昆仑关在今广西南宁市兴宁区与宾阳县交界处的山上，地处交通要冲。曾任广西提督学政的明人谢少南所作的《昆仑关二十韵》状其地势云：“仄足昆仑上，岿然虎豹雄。峰凌万石出，关辟两崖通。先旭蒸霞紫，迟昏阁霭红。地高南逼斗，山远北连空。”汉代以来，此处一直为兵家必争之地。关上古有昆仑台，相传该台为汉代名将马援所建，据史籍记载，宋代此处已正式设关。

今天的昆仑关是有名的人文旅游景区，有昆仑关古关楼、昆仑关战役博物馆、阵亡将士纪念塔、将士公墓等遗址。在历史上，昆仑关曾是多次战役的主战场。其中最著名者，是宋代名将狄青夜夺昆仑关之战，

南宁昆仑关

以及抗日战争中的昆仑关战役。

宋皇祐四年（1052 年），侬智高起兵反宋。宋廷遂派枢密副使狄青征讨。次年上元节前，狄青故意一连几天大摆筵席犒赏全军，迷惑敌手，而于上元节当天深夜自率精兵突袭，一举攻下昆仑关。狄青此战深为世人佩服，大加歌咏，如宋人方凤《上元陈丞相宅观灯有作》:“君不见狄青宣抚荆湖间，上元张乐宴清班。忽然称疾灯未灭，五更已夺昆仑关。”元人杨维桢《狄武襄吟》:“将军如内客未散，捷书已夺昆仑关。”明人董传策《昆仑歌送顾侍御一贯出巡》:“奇兵一夜关南夺，至今马狄并高勋。”清人赵翼《昆仑关咏古》:“酾（shī）酒军门正满壶，严关夜半已潜驱。”皆是。

清代广西武缘人韦丰华《昆仑关怀古四首》之三云：

当年仗节快称戈，夹辅孙余力亦多。
妖雾一时收骆越，狂澜千古定牂牁。
知人不负庞丞相，纪绩无惭马伏波。
当日杨家饶将略，边功相较果何如。

作者认为狄青昆仑关战役之功可与伏波将军马援平定岭南之功相提并论，虽说有些夸张，但足见昆仑关军事地位的重要。孙余，孙沔（Miǎn）、余靖，均为宋代官员，与狄青并称“平蛮三将”。骆越，古国名，在今广西一带。庞丞相，庞籍，宋代丞相，推荐狄青任主帅征侬智高。马伏波，汉代伏波将军马援，他曾剿平交趾之乱。杨家，指著名的杨家将。

1939 年冬爆发的昆仑关战役是我国军民抗击日本侵略军的一场惨烈的攻坚大捷，这为桂南会战的胜利奠定了基础。抗战胜利之后，昆仑关上建起了“陆军第五军昆仑关战役阵亡将士墓园”等纪念建筑物，上面有国民党要员的题词及碑文，当然也有名流诗词。

文学家田汉作《过昆仑关战场》：

一树桃花惨淡红，雄关阻塞驿亭空。
倭师几处留残垒，汉帜依然卷大风。
仙女山头奇石耸，牡丹岭上阵云浓。
莫云南向输形胜，枢相当年立战功。

歌颂中国军队战绩，鼓励再接再厉，歼灭倭寇，莫要担心南征对我军形势不利。汉帜，汉家旗帜，指中国军旗。仙女山、牡丹岭，均在昆仑关一带。枢相，指狄青，他曾任枢密使。

抗日名将杜聿明《咏昆仑关之战》：

北海风迷骑道士，昆仑月葬大和魂。
扶桑万里樱花节，夜雨千家数泪痕。

想象昆仑关之战将使日本国内一片哭声。大和，日本族名。扶桑，古国名，此处指日本。

杜聿明当时的部将邱清泉作五律：

岁暮克昆仑，旌旗冻不翻。

天开交趾地，气夺大和魂。

烽火连山树，刀光照弹痕。

但凭铁和血，胡虏安足论。

历史已成追忆，雄关依旧屹立。它似乎在提醒世人：要珍视和平！

老佛原是真天子：横州南山寺

贵港的南山寺与宋元几位皇帝有关，而横州的南山寺也与一位皇帝有关。莫非凡称“南山寺”的寺院，都与帝王有关系？那倒不然，巧合而已。

横州南山本名宝华山，因位于城南而又名南山。光绪《横州志》卷三记载：

宝华山，在城南二十里，又名南山。树木葱郁，俨如翠屏，山巅时现宝气，因名。……山半为应天寺。

同书卷四《寺观》：

应天寺，在宝华山半，即寿佛寺。宋绍兴中建，元至元二十八年昭勇将军邓元甫等重建，明洪武、宣德、正统间继修之。相传旧有二僧修行于寺，一骑花虎，一骑白鹿，人尝见之，称为虎鹿二禅师。明建文帝既逊国，执杨应能度牒云游湖蜀滇闽，后入粤至横，隐寺中十五年，人不知也。为题额曰“寿佛禅林”，又题“万山第一”，额于寺门。恐有觉，复遁去。

此应天寺就是南山寺，又称寿佛寺、宝华寺（当代重修后改称“应天寿佛寺”）。志书的记载大致说明了此寺的建置沿革，以及与皇帝的关系。建文帝朱允炆是明太祖朱元璋的大孙子，他的父亲太子朱标死在朱元璋之前，所以朱元璋死前令朱允炆继承皇位。朱允炆能力有限，他的四叔燕王朱棣起兵将他推翻，篡夺了皇位。据野史笔记记载，朱允炆在皇宫将近沦陷之际，化装成和尚杨应能，逃出皇宫，浪迹天涯，在南方多省避难。最后，他来到广西，在横州南山寺待了十五年后，他觉得可能行迹暴露，又逃往南宁、田

横州应天寺

州等地，后因年老力疲，干脆自报真实身份。广西官员大惊，赶忙将他送往京城。朱允炆从此销声匿迹，不知所终。

《横州志》卷十二还录有传说中建文帝所作的《寓横州南山寿佛寺》一诗：

阅罢楞严磬懒敲，笑看黄屋住团瓢。

南来瘴岭千寻险，北望天门万里遥。

款段久忘飞凤辇，袈裟已换衮龙袍。

百官侍从归何处，惟有群鸦早晚朝。

未知真伪。楞严，佛经名。黄屋，代指皇帝。款段，指行动迟缓的马。

徐霞客曾游横州南山寺，他在《粤西游日记》中记叙了此游见闻：

横州城……南十五里曰宝华，在城东南隅。宝华山有寿佛寺，乃建文君遁迹之地。……其寺西向，寺门颇整，题额曰“万山第一”。字甚古劲，初望之，余忆为建文君旧题，及趋视之，乃万历末年里人施怡所立。盖施怡建门而新其额，第书己名而并没建文之迹；后询之僧，而知果建文手迹也。……寺后冈上，见积砖累累。还问之，僧曰："此里人杨姓者，将建建文帝庙，故庀（pǐ）材以待耳。"吁！施怡最新而掩其迹，此人追远而创其祠，里闼之间，知愚之相去何霄壤哉！

一个叫施怡的横州人修缮了寺院大门，但他的主要目的并非行善，而是想浑水摸鱼沽名钓誉：大门上建文帝所题的"万山第一"的匾额，本来没有署名（逃难的皇帝当然不敢署名）；这个人居然借修门的机会，将那匾额署上他自己的名字！实在是既可笑又可恨。而另一位姓杨的本地人，正在准备修庙纪念建文帝。徐霞客不禁感叹：都是一个地方的人，品德智力怎么相差这么远呢！

南山寺原有建文帝的僧装塑像，称老佛像。明万历年间，横州守吏居然将老佛像移到角落，并将题有"万山第一"的匾额偷走。这家伙的智力品德与施怡不相上下。明崇祯年间，被贬的兵部侍郎郭巩游南山寺，得知这一情况，十分悲愤，作诗曰：

万山第一圣人题，御笔星辉守吏携。
塑像长春称老佛，至尊隅坐冷萋萋。

郭诗引来数十人唱和，如清代桂林府通判翁袁炳和曰：

远戍孤臣洒泪题，无穷感慨笔端携。

逃禅帝子风尘客，一片伤心字字凄。

后世题咏此寺之诗词亦甚多。

绿珠井

众所周知，绿珠是中国古代著名的美女，她的家乡在今广西博白县绿萝村。

绿珠本来在家乡平静地生活，虽不富裕，却无忧无虑。但是，她被富豪石崇看上了，而她贪婪的父母以三斗珍珠的高价把她卖给了石崇。

清人李龙骊在其《绿珠井记》中痛斥绿珠父母这一行为：

> 彼父母者，独何心哉！其父母谁？梁氏也。其不原以父奈何？君子以为绝之也。梁失爱子之道矣！曷为失？为货也。为货而轻女，使其不获以德配，而只以色著也。

石崇很宠爱绿珠，但绿珠的绝色引来石崇的政敌孙秀的垂涎，于是孙秀想方设法在党争活动中对石

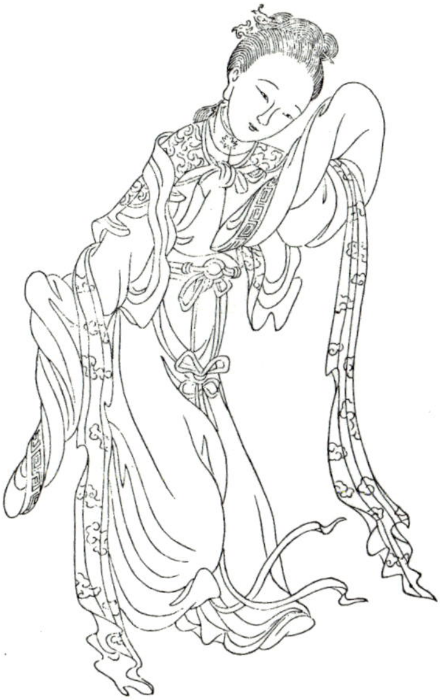

绿珠画像

崇“下手”，最终涉入党争的石崇被杀，而绿珠也跳楼自尽。

绿珠成了千古不衰的文学题材，与其相关的作品尤以诗歌为多，早在唐诗中即已如此。杜牧作《金谷园》：

繁华事散逐香尘，流水无情草自春。

日暮东风怨啼鸟，落花犹似坠楼人。

诗人一声叹息轻轻飘过，对那位可怜的“坠楼人”表示同情。

李白作《鲁郡尧祠送窦明府薄华还西京》：

君不见绿珠潭水流东海，绿珠红粉沉光彩。绿珠楼下花满园，今日曾无一枝在。……

诗人以离世的绿珠暗喻繁华不再。

令人厌恶的是徐凝和曹邺这类诗人。唐代诗人徐凝作《金谷览古》："金谷园中数尺土，问人知是绿珠台。绿珠歌舞天下绝，唯与石家生祸胎。"曹邺《古莫买妾行》："千扉不当路，未似开一门。若遣绿珠丑，石家应尚存。"他们居然将可怜的受害者绿珠当作罪魁祸首，可谓不分青红皂白。曹邺虽然是广西古代的名诗人，但他这首作品是非不分也是事实。

绿珠死后，乡人们同情她，怀念她，也因此留下了不少相关古迹，如绿珠井、绿珠楼、绿珠渡、绿珠祠等。历代多有凭吊吟咏者。

唐人刘恂笔记《岭表录异》：

白州有一派水，出自双水山，合容州江，呼为绿珠井，在双角山下。昔梁氏之女，有容貌，石季伦为交趾采访使，以真珠三斛买之。梁氏之居，旧井存焉。

刘恂所说的"一派水"应指绿珠江，不应称为井；

“梁氏之居”的“旧井”才是绿珠井。从刘恂的记载看，绿珠井在唐代依然存在。

宋人邹浩有七律《绿珠井》：

玉容捐委画楼尘，一死甘酬石氏恩。
古庙有碑旌节义，西风无主逐香魂。
孤村夜静鸣归鹤，双岭云寒唳断猿。
试向绿萝寻旧迹，断碑遗井见清源。

邹浩所见乃“断碑遗井”，可能井仍存。至于邹浩说绿珠自杀是为了报答石崇之恩，这并无多少可信度。

在明代，绿珠井可能已经废弃。明人魏濬，曾为

绿珠祠

广西提学佥事，在其笔记《西事珥》中解释了绿珠井被废弃的原因：

绿珠井，在白州双角山下，云是其旧宅。汲此井者，诞女多美丽。后人以巨石压之，女生虽丽，而根窍遂多不全者。

传说喝此井水能生美女，但绿珠的遭遇让当地人不愿再使用该井，所以井就被填塞而荒废了。

清代广西陆川诗人庞颖作《绿珠井》：

绿萝有女质如璞，采使投珠珠满斛。
声价一时重洛阳，风流当代推金谷。
风流声价今如何，斜日苍茫洛水波。
只有玉楼清节在，垂芳故井不销磨。

庞颖是绿珠的乡人，字里行间表达了他对绿珠的同情。

吟咏其他绿珠遗迹的诗作亦多，如：

宋代白州（治所在今广西博白）人徐噩，曾任白州长史，他对家乡的著名历史人物绿珠十分眷顾，曾作古体诗《绿珠渡》：

早出绿萝村，晚过绿珠渡。

日落白州城，草荒梁女墓。

江水流古今，滔滔不相顾。

今人不见古时人，依旧青山路如故。

明朝翰林院编修陈子壮在宦游广西时，曾写下一首甚为悲戚的《绿珠祠》：

逝水徒传金谷园，荒山谁识绿萝村。

生辞故井难销艳，命薄高楼敢负恩。

燕子频来多恋主，杜鹃啼断为招魂。

凭君一和懊侬曲，自有人将孤笛翻。

提及镇南关，一般总要涉及两个事件：镇南关大捷和镇南关起义。前者是指清代广西名将冯子材在镇南关击败法国侵略军，如清人何如铨作《题冯少保南关大捷图》：

北固山头战绩高，又看铜柱镇南交。
越人识得将军至，一路壶浆迓节旄（máo）。

北固山，在今江苏镇江，冯子材曾在这里与太平军作战。铜柱，汉代名将马援平定交趾（也作交阯），立铜柱以镇之，柱上刻“铜柱折，交阯灭”，此处喻指冯子材。迓节旄，迎接帅旗。

后者是指孙中山先生亲自在镇南关发动的起义。孙中山先生有诗《镇南关起义》：

感来意气不论功，魂梦忽惊征马中。

漠漠东亚方万叠，铁鞭叱咤厉天风。

万叠，喻指战乱不绝。

镇南关，在今广西凭祥市。《明史·地理志·广西》记载：

凭祥州，本凭祥县。永乐二年五月以思明府之凭祥镇置，属思明府。成化十八年升为州，直隶布政司。西北有丽江，自交阯广源州流入。又南有镇南关，一名大南关，即界首关也。

1965年，关名改为“友谊关”。《中国古今地名大词典》的“友谊关”词条云：

友谊关　古称鸡陵关、界首关、大南关、镇夷关。明初置镇南关。1953年改为睦南关，1965年改为友谊关。在广西壮族自治区凭祥市西南18千米的中、越边境。建于明洪武年间。清雍正三年（1725年）建关楼一层，在中法战争时被法军焚毁。后重建关楼二层。抗日战争中又被焚毁，建国后重建。

镇南关是我国古代通往交趾（唐代改称安南，清代嘉庆间改称越南）交通要道上的重要关塞。明清时期朝廷与安南有关的一些重要仪式，都在镇南关举行。例如，明嘉靖十八年（1539 年），安南权臣莫登庸谋反，明廷遣仇鸾、毛伯温率军讨伐，莫登庸遣使赴镇南关投降，明廷重新取消安南国（永乐间已将安南国改为

友谊关

交趾布政使司，后安南人屡叛，再立国）。《明史·列传第二百九·外国二·安南》：

十九年，伯温等抵广西，传檄谕以纳款宥罪意。时方瀛已卒，登庸即遣使请降。十一月，率从子文明及部目四十二人入镇南关，囚首徒跣，匍匐叩头坛上，进降表，伯温称诏赦之。复诣军门匍匐再拜，上土地军民籍，请奉正朔，永为藩臣。伯温等宣示威德，令归国俟命。疏闻，帝大喜，命削安南国为安南都统使司，授登庸都统使，秩从二品，银印。

《明世宗实录》卷二百六十七：

嘉靖二十一年十月，……颁大统历于安南都统使

凭祥法式楼

司，仍命广西布政使司每岁印造，至镇南关颁给。著为令。

清康熙二年（1663年），安南国入贡，清廷令广西代为接受，仪式在镇南关举行。清代广西提学闵叙的《粤述》记云：

将府厅同至南关，恭陈黄幄于昭德台，率文武汉土各官行礼毕，次祭关，祭毕发钥开关，以帜引陪臣入关，诣幄前行礼。诸彝目罗拜关外，恭进表文，迎贡物，照前行礼毕，随令彼国官目人等，共诣昭德台给赏有差。彝目领赏出关，当差文武职官各一员，同贡使进京。

明清时代咏镇南关之诗词不少，如明人张岳有《登镇南关昭德台二首》：

炎荒突兀见春台，皇德昭回气象开。
五色光华瞻北斗，一天雷雨动南垓。
乘槎拟借抟风力，破浪还看曝日腮。
安得坡仙扛鼎笔，表忠高揭静氛埃。

振衣千仞瞰飞鸢，望极江山思渺然。

百粤风烟画一幅，清时日月镜双悬。

天开正朔尊王会，地接金鳌立极年。

横海昔贤堪勒柱，高台我辈亦楼船。

张岳曾任两广总督，参与处理安南叛乱之事，所以他站在镇南关上，不免有些自豪，觉得平定南疆，使大明江山稳固，自己也有功劳，虽然可能不如伏波将军马援等人，但和楼船将军杨仆总差不多吧。南垓，南方之地。曝日腮，用典，喻指努力克服困难。坡仙，指苏东坡。表忠高揆，大抒文采表彰忠臣。正朔，旧历年的第一天。王会，诸侯、四夷或藩属朝见天子的聚会。金鳌立极年，指皇帝登基之年。勒柱，立石碑或铜柱纪功。楼船，将军名号，水军将领，汉代楼船将军杨仆曾参与征讨岭南。

明代官员、文学家潘希曾出使安南，作《出镇南关》诗：

崔嵬分茅岭，镇南扼雄关。

持节始入交，山路何郁盘。

乔林映前旌，鸣驺历层峦。

纶命自天下，恩光回日南。

道路尽膜拜，冠带争骏奔。

语言虽假译，文物亦可观。

藐兹溟海壖，声教古所渐。

作者出镇南关前往安南，作为天朝使者，他当然会受到隆重接待，让他感到虽然这地方偏僻语言不通，但也蒙受了天朝教化，文明物产也有可观之处。持节，带着皇帝授予的符节。交，交趾，安南在汉代是中国的交趾郡。日南，古国名，在今越南一带。纶命，天子的诏命。藐兹溟海壖，指这个海边的小国。

清代广西桂平人崔肇琳有词《满江红·镇南关感旧》：

关塞极天，认故垒、萧萧芦叶。依稀记、柳营按辔，少年时节。童卯弃繻情已壮，书生投笔心无怯。问筹边、颇牧古何人？才奇绝。　　苏季子，金印缺；马新息，铜标折。剩危谯一线，夕阳如血。白雁长征犹是客，红羊小换真成劫。莫凭高、回首望中原，角声咽！

词人的“感旧”，是由镇南关引发的对时事的忧虑。站在古战场镇南关上，想到边事危急，中原战乱不绝，自己早年建功立业的壮志已经消磨，当今何处有救世英雄？柳营，细柳营，指军营。繻，丝织品，此处指儒生的衣服。颇牧，指廉颇、李牧，均为先秦名将。苏季子，指苏秦，古代著名辩士。马新息，指马援，他受封新息侯。红羊，即红羊劫，指国家发生灾祸的年份。

妙明塔下无量师：

全州湘山寺

明人文渊有《游湘山寺》诗：

春深按节湘南州，观风晓作湘山游。
一湾流水溪桥小，万树长松野径幽。
古寺巍巍倚苍翠，林外鸟声娱客意。
撞钟击鼓迎入殿，大众和尚齐忏悔。
妙明塔下无量师，庄严法相如生时。
无色界天去说法，阎浮世界留真姿。
灵草正满地，白云自来去。
询之登甲亭，烟岚杳无处。
罗浮一片石，飞来知几年。
上结真空坛，下分卓锡泉。
伫立巅崖人莫测，可隘九州瞻八极。
胸中百万江湖忧，笑指蓬莱归未得。

文渊所游的这座湘山寺，就在今广西全州。而他的诗中特别提及的“妙明塔下无量师”，则是该寺的亮点与精髓所在。按节，这里指官员出巡。无色界，佛教认为的三界之一。阎浮世界，指人间。隘九州，一览天下。八极，指八方极远之地。蓬莱，传说中的海上仙山。

全州湘山寺始建于唐代至德年间，其开山祖师为全真禅师。据说该禅师道行高深，活了 130 多岁，更有说活到 160 多岁的。今寺内尚存其肉身塔，称“妙明塔”。无量寿佛乃佛家至尊阿弥陀佛的别号。全真禅师修行高深、德高望重，被民众尊称为“无量寿佛”。元人陈孚出使交趾，游湘山寺，作《湘山寺无量寿佛》诗曰：

大地山河，无非佛者。此为真身，孰则为假？

滔滔清湘，瑶影如泻。一草一木，亦皆潇洒。

月明露寒，绿烟浮野。山禽涧鹿，悉谈般若（bōrě）。

我来自北，金鞍铁马。一笑石上，得清净舍。

巍乎梵宫，朱门碧瓦。弹指毗卢，风斯在下。

佛家认为万物皆有佛性，但陈孚以此推论出“大地山河，无非佛者”，并进而质疑湘山寺无量寿佛的真

全州城景

假，这就有点抬杠了。不过这只是个由头，此诗真实主旨是赞美湘山寺的清幽静谧与佛家境界。清湘，为全州古名，此处指湘江。般若，为佛教用语，此处指佛教教义。梵宫，指佛寺。毗卢，为僧人戴的一种帽子。

宋人范成大游湘山寺，作《题湘山大施堂》咏之：

重倚春林泪竹枝，南游风物鬓成丝。
难寻桂岭千峰梦，更了湘山一段奇。
来去别无心外法，行藏休问塔中师。
若论大施门前事，竿木逢场且赋诗。

诗前有小序："山中祖师号无量寿，真身塔在焉。"他似乎对那位神奇的"塔中师"的传说存疑。竿木逢场，意指逢场作戏。

千余年来，全州湘山寺屡毁屡建。1998年出版的《全州县志》介绍：

湘山寺……始建于唐至德元年（756年），初名净土院，南宋高宗敕改为景德寺，更额为"报恩光孝禅寺"，为全真法师证道之所。明洪武十三年（1380年）设僧正司。历代屡毁屡修，昔有红门楼、玄武楼、山门、大雄宝殿、布经楼、观音阁、寿佛殿、佛母堂、天台院、妙明塔等建筑物，雄伟壮观，夙称“楚南第一禅林”。民国三十四年（1945 年），日军投降，于撤退时放火焚毁，仅存妙明塔及放生池畔的一组天然石群雕，有狮子、麒麟、巨龙、龟、鱼等 20 余件，均就天然岩石雕凿而成，工艺精湛。其各种形象，或寐或嬉，或潜或跃，栩栩如生，堪称罕见之艺术珍品。

历代文人咏湘山寺诗作甚多。

湘山寺

［宋］郝显

偃蹇苍松锁翠岩，邦人云是古湘山。
寺穿石磴高低处，塔耸云烟吞吐间。
物外岂知尘世事？个中只许老僧闲。
我来策杖登临罢，落日归鸦自往还。

作者偶游此寺，主要感受也就是古寺幽静、老僧安闲。邦人，指乡里百姓。个中，意为如此景致中。

湘山寺

［明］黄晖

南楚西来第一州，梵王宫倚碧云稠。
乾坤造设此佳处，山水蟠回无尽头。

僧在玉壶冰里住，人于水月画中游。

登登再上云霄立，万象森罗豁我眸。

“僧在玉壶冰里住，人于水月画中游”一联，画面清美。梵王宫，即佛寺。豁我眸，使我睁大眼睛。

游湘寺

［明］舒应龙

空王台殿绝嚣氛，玉盏灯明正夜分。

山径猿啼初上月，石床僧定恰归云。

全州湘山寺江景

现前幻影空中色，象外真诠静里闻。

漏尽莲花心似水，惟余香雾日氤氲。

舒应龙是全州人，随时可游湘山寺，所以诗中既有“灯明正夜分”的半夜之景，也有“初上月”的傍晚之景和“恰归云”的白日之景。末四句以禅语描摹寺院之静谧，甚可回味。空王，指佛。定，指入定，僧人打坐的术语。空中色，“空”与“色”是佛教教义中的重要概念，所谓“色即是空，空即是色”，内涵复杂，此处不做详细介绍。象外，物象之外。漏尽，漏是古代的计时器，此处漏中的水已经滴净，表示已过了很长时间。

宿湘山寺

［清］钱载

黄华趋欲止，翠峦卓且崇。

隔江峭壁面，定窟释子宫。

天晴鸟唤侣，屋敞林环丛。

仰焉石骨秀，百亿秋芙蓉。

净土忆开院，岁晚回其踪。

妙明知徙塔，色相火一红。

我客谁则主，歌欤牧牛翁。

西堂月初白，杵杵三更钟。

上与山响答，下与江声通。

诗题是“宿湘山寺”，但所写之景并非都是夜景，如“天晴鸟唤侣”“歌欤牧牛翁”之类，都是白天所见所闻。黄华，指黄花。释子宫，指寺院。百亿，形容极多。净土，指佛地。

从来险要自天成：

凭祥大连城白玉洞

大连城，是清代广西将领苏元春主持修建的一处边防要塞，在今广西凭祥市，与另一处建于龙州的小连城相对而称。大连城亦简称“连城”。白玉洞亦称“玉洞”，本为大连城所在地的一个岩洞，是凭祥“旧八景”之一，苏元春亦将其修建为要塞的一部分。今天，这

大连城武圣宫

里已成为国家级旅游景区。

1993 年出版的《凭祥市志》介绍：

大连城　旧名“廪更村”，位于市区北 1.5 公里。清末苏元春督边时，发现此地为中越交通之咽喉，镇

大连城白玉洞

南关的第二门户，四周群山环抱，峰峦叠嶂，严如围屏，地形险峻，中为一片平地，易守难攻，犹如一个天然的城堡，是理想的中路边防军事指挥中心。故于此设立营寨，建造兵房和提督行台、演武厅、庆祝宫、操场等。……在群山之巅构筑炮台群，山与山之间砌成城墙，彼此连成一片，整个工程十分壮观……

白玉洞　位于大连城东侧的半山腰上，因洞内钟乳石剔透玲珑，洁白如玉，故得美名。此洞洞内有洞，上下重叠三层。苏元春督办广西边防军务时，曾以大连城作为广西全边的指挥中心。在白玉洞内修一“养心处”，作为研究军机和避暑之处，并对该洞各处进行了修整，题词于石壁，使白玉洞更加光彩夺目，景致迷人。该洞有上下两个洞口，……第一层左后角有一道门，从此门入幽径，螺绕而上，便是洞的第二层，此层较第一层深广。有一狭窄的通道将该层分为里外两洞，外洞宽敞明亮，岩顶呈拱圆状，多有石刻。……刻工精巧。通过通道，进入里洞，洞内较暗，钟乳石奇形怪状，千姿百态，大可与桂林的芦笛岩媲美。

苏元春曾任广西提督，在任时履职一大亮点就是修筑连城，巩固边防。在当时的条件下，这也确实算是广西一大军事工程。他自己当然是很满意的，为此作诗二首。一首是《新辟连城玉洞为屯兵计暇日宴游于此览胜口占不计工拙》：

群山聚秀辟连城，此地潜藏百万兵。
备械储粮根本固，从来险要自天成。

另一首是《大连城要塞》：

天生重镇筑连城，腹内深藏十万兵。
远眺敌楼烽火靖，新开帅府将星明。
穷边自此为根本，化外何能再抗衡。
玉洞绿泉军敛足，流传四海永扬名。

虽不免有点自吹，但他毕竟功不可没。化外，指政令教化无法到达的地方。军敛，指军用物资。

他的部将马盛治作《游连城白玉洞记》，略曰：

连城，荒徼之奥区也，山石环峙如列障。督办苏公奉朝廷命备边建牙衙于此，故以名之。其山阳顶半有岩隐丛莽中，夙名为白玉洞，公辟而出其胜。……其中旷如奥如，旁多垂乳，有若连瓣半开，葡萄累实者，则为客座、丹房、经室，……为莲座，为层楼，为复阁，为危植，悬空妙象，尤不可思议。迤入别洞，则两壁银光闪烁，异石类狮、象蹲伏，岩滴如鞺鞳响，深黑处烛之以火，愈见怪奇万状。后洞迤出左旋，则为果泉洞，亦映带增趣。诸洞口清风自扇，白云为屏，藤萝倒挂，杂花繁生。洞外幽亭数椽，竦峙方台，可纵目绵邈，望前山皆拱揖献翠，岚光浮活。噫！桂林山水名胜夙传，而栖霞、龙隐、月牙、风洞诸岩，固犹逊此幽致也……而公之出山灵于芜秽，能使边隅生色，亦整顿乾坤之巨手哉！

文中充满对苏元春修建大连城的赞誉，以及对白玉洞美景的称赞。当然也略有吹嘘过甚之弊。旷如奥如，宽广深邃。危植，指高耸的植物。鞺鞳，形容钟鼓声。

其他作诗文咏叙者，不乏其人。如清人苏显昌《游玉洞》：

五百年来有武功，洞开层出玉玲珑。
山门低趁丹砂月，石磴凉添故纸风。
寒滴诗肠还自热，绿围花影不禁红。
蟾蜍上界人初到，万里关河一目中。

首句暗颂苏元春，以下皆为赞美白玉洞及诗人自己的感受。蟾蜍上界，指月宫天界。

清全照《重阳前一日苏文瀚孝廉折柬招游玉洞即宿经阁拈韵赋诗并寄华方伯》：

半生走天涯，颇有看山福。
应是打包僧，端合楼岩谷。
三月住连城，玉洞资游目。
群峰华盖擎，楼阁瘴云族。
苏子结吟庵，清兴盎书屋。
芬如湘畹兰，虚共解谷竹。
中秋曾见招，三雅醅新熟。
昌黎石鼎吟，山房曾经宿。
驹穴迅流光，九月霜风肃。
佳节近重阳，言念东篱菊。
再折山涛柬，有约浮醽醁。
笋舆秋阴阴，藜杖路曲曲。
不愁风雨催，逶迤赴层麓。
薄雾澹斜晖，荒云时起伏。
暮色迷四围，罨画十分足。
三十六洞天，寻秋吟画烛。
与君罢夜谭，一枕酣蕉鹿。

明朝落帽风，定有佳吟续。

鸿隐怀高人，咫尺感幽独。

有客苦热中，何日段干木。

诗虽长，但对“游玉洞”本身着墨不是太多，主要就是“三月住连城，玉洞资游目。群峰华盖擎，楼阁瘴云族”这几句。多数文字是叙写与朋友的交谊。打包僧，指云游僧人。昌黎，指韩愈，《石鼎吟》是他与朋友的联句诗。山涛，晋代名士。笋舆，指竹轿。罨画，自具特色的画图。酣蕉鹿，做美梦，用典。落帽风，指作诗，用典。段干木，先秦人，得到国君尊崇的隐士。

天涯此处识海角：

合浦海角亭

海角亭，在今广西合浦县。合浦在唐宋时属廉州，在元朝时属廉州路，在明清时属廉州府。“海角”即“天涯海角”之意。“元诗四大家”之一的范梈作《海角亭记》：“钦、廉僻在百粤，距中国万里。郡南皆大洋，而廉又居其折，故曰海角也。有亭在于西南隅，昔人以是名之。”

海角亭建于何时，难有定论。元人范梈、伯颜均有《海角亭记》，都说该亭为重修，则亭之始建当然在此之前。1994 年版《合浦县志》称海角亭“约建于宋初建隆至景德年间”，然而缺乏证据，历代《廉州府志》及《合浦县志》均无此说。据说，在广西任官多年的宋人陶弼曾作《海角亭》诗：“骑马客来惊路断，渔舟民去喜帆轻。虽然地远今无益，怎奈珠还古有名。”然此诗地方志不载，《全宋诗》陶弼名下亦未收，且诗意鄙俚，不似陶弼所为，可信度甚低，不宜以此为据证明海角亭建于北宋。

上引《合浦县志》“海角亭”词条称“亭内正中上方悬挂着北宋大文学家苏东坡书写的‘万里瞻天’横匾，是苏东坡于宋元符三年（1100年）从儋州量移廉州暂住时写的，它为古亭增辉不少”。苏东坡晚年被贬期间在合浦驻留过，这是事实。据民国《合浦县志·名胜志》所载，当地还有“东坡亭，在府署县东北，清乾隆四十一年知府康基田重建”，“东坡井，在游击署前。相传东坡所凿，其水味甘质重”，“东坡故居，旧为邓拟园林，康基田知廉州，重筑”。苏东坡在合浦时曾题“万里瞻天”四字，也应是事实。道光《廉州府志·地理志·古迹》载：

> 海角亭，旧在府治西南半里，明成化中佥事林锦移建城西，嘉靖间佥事翁溥移于府治西南，隆庆中迁于廉江西。旧有“万里瞻天”四字匾额，为苏子瞻真迹，历任守遍访弗得。边徼士民，不识先贤墨宝，以致磨灭。可慨也！

今天所悬挂的东坡题字已非原题。

合浦古海角亭

海角亭为何而建？1994年版《合浦县志》说“是为纪念孟尝太守施政廉明、去珠复还的政绩而建”。“合浦珠还”的成语故事众所周知，但要说海角亭是为纪念孟尝而建，同样缺乏足够的说服力。因为，第一，循名责实，“海角”之名与孟尝之名或者还珠的故事都缺乏联系。第二，明清时期合浦既有海角亭，又有还珠亭。还珠亭亦名还珠驿。崇祯《廉州府志·地理志·古迹》：“还珠驿。汉孟尝守合浦，去珠复还。人慕其廉，亭以表之。”说明还珠驿也是一个亭子。第三，明代廉州府知府饶秉鉴既有《海角亭》诗，又有《还珠亭》诗，可证合浦另有还珠亭，那才是纪念孟尝和还珠故事的。

元明清三代，以海角亭为对象的诗文不少。仅仅康熙《廉州府志·地理志·古迹》所录，文有元人范椁和伯颜分别作的《海角亭记》，明人谢一夔作的《重建海角亭记》，清人徐化民作的《重修海角亭记》，清人李廷相作的《重建海角亭记》，清人徐成栋作的《重修海角亭碑记》；诗有明人饶秉鉴和陈崇庆分别作的《海角亭》，朱勤作的《廉州八景》之《海角潮声》，王一鹗作的《海角春风》；等等。诗作如：

海角亭

［明］饶秉鉴

昔年曾到天涯驿，此日重登海角亭。
共喜遐方多胜概，谩论边郡得廉名。
孟尝事业谁能继，马援功名独见称。
天关遥瞻浑咫尺，夕阳回首寸心倾。

作为地方长官，饶秉鉴当然多次游览海角亭、天涯驿这些地方名胜了，他感慨说，虽然廉州因孟尝的廉洁而得名，但后世地方官却罕有能继承孟尝事业的人，大家都去称赞那南征的马援。

天涯驿，古驿站名，在今合浦。遐方，即远方。胜概，即美景。天关，指朝廷。

海角亭晚眺

［清］鲍俊

天南地尽海溟蒙，海角亭高锁远空。
树色连云围郭绿，波光浴日射桥红。
清歌渔叟惊沙鹭，终古才人感雪鸿。
安得坡仙瞻万里，同敲铁板唱江东。

郭，指外城。雪鸿，雪泥鸿爪，喻指往事。坡仙瞻万里，指苏东坡在合浦题“万里瞻天”匾额之事。江东，“大江东去”之曲，指苏东坡所作词《念奴娇·赤壁怀古》。

从现有史料来看，从元代开始，海角亭经过多次重修或重建。今天的海角亭状貌，可以参考上引1994年版《合浦县志》的记叙：

海角亭　在廉州镇文蔚路廉州中学校园内。……亭分两进。第一进为门楼（原天妃庙门楼），门楼正中是大圆拱门，两旁有耳门，耳门之上分别镌有“漱月”“澈云”字样。正门两旁原有石刻对联“不到此亭那知象郡珠崖关山万里，试观于海才见龙门冠岭云水千重”。此联为钦差工部尚书杜臻所书，书体笔力雄浑，苍劲古朴。门楼内镶有古碑三块，为清乾隆年间廉州知府康基田所书，……第二进是亭的主体建设，为重檐、歇山顶砖木结构，米红墙壁，琉璃碧瓦，牙檐高啄，直凌霄汉离吻镇角，屋脊有双龙戏珠。亭成正方形，高台基四周有回廊，前后石级上迭；亭前后敞开，左右两大门窗相对，造型古朴雅致。亭内石碑镶满四壁……

海角亭可算是一个可以略发“思古之幽情”的地方。

石刻精华

倚天凿破玉芙蓉

壁无完石镌题众：桂林龙隐岩石刻

张鸣凤，广西临桂（今广西桂林）人，明嘉靖三十一年（1552 年）举人，其重要著述《桂胜》算是保存得比较完整的研究广西文学的第一手资料，其中一篇《龙隐山》曰：

> 或曰龙影，以龙去影存。游者刺舟，转碕入窦，见其上石裂长数丈，作鳞甲形。登岸缘麓，则有大岩，如排高门，坐堂皇，可以广宴。或题曰龙腾。……宋游最盛，镌题之众至环两岩，使壁无完石，他岩未之有也。

龙隐山又称月牙山，山下的“大岩”就是龙隐岩，其特点是题壁镌刻众多，乃至“壁无完石”，至今存者超过 200 件。这一盛况，如张鸣凤所说，桂林各景点都无法超越。清人金武祥在《漓江杂记》说：“龙隐洞在岩之北，……岩与洞近，故以洞之名名。岩高约四五十尺，深广皆六十余尺，夷旷可坐数百人。宋人来游，酌石溜试新茗于此。镌题环两壁，无完石。”

除了数量众多，龙隐岩石刻中亦多珍品、精品，例如著名的《元祐党籍碑》。宋徽宗崇宁四年（1105年），宰相蔡京将宋哲宗元祐、元符年间300余名朝臣，包括名流司马光、文彦博、苏轼、秦观等列为奸党，由朝廷下诏令天下刻碑立于州县。第二年，徽宗见彗星出现，以为不祥之兆，遂下诏毁碑。南宋时，元祐党人的后人又将碑文重刻于龙隐岩。该石碑成为目前国内保存最为完整的反映宋代“元祐党争”的石刻资料。

龙隐岩《元祐党籍碑》

北宋皇祐五年（1053年），宋将狄青、孙沔、余靖率军击败侬智高，班师返桂林，于龙隐岩将参战将官的姓名及所受奖赏摩崖刻石纪功，即为《平蛮三将题名碑》。首段云：

大宋皇祐四年夏，蛮贼侬智高寇广南，陷十二郡，据邕州。其年九月，诏以枢密副使狄公统兵南征，号二十万。明年正月己未，与贼战于邕之归仁，大破之。翼日复邕州。贼之余党遁于铜柱之外。二月丁亥，班师至桂林。诏换河中旌节，召还枢密。凡从行将佐文武官二百三十一员，今记将官以下姓名于左。

北宋李师中的《劝农事戒争斗文》：

提刑屯田员外郎李付：每因读刑禁旬状，见人民多因小事争斗，致有杀伤，虽骨肉至亲不相容忍，此深可哀悯；盖劝农亲民官不本教化所致。今后令佐须晓谕乡老，令劝率子弟勤于田农，孝养父母，内外和顺，不相欺凌。民无交争，则无横死，自然天道与人事相应，无水旱凶灾。令佐不得轻远方，以为不可教诲；况此人民晓事，教诲必听。切在遵禀。

大宋嘉祐六年辛丑六月一日，龙隐岩释迦寺传天台祖教沙门□修上石。

这应属一通法令文告。将法令文告刻于石上是很少见的。石刻中“李付”非人名，“付”为“交付”之意，句意是姓李的提点刑狱官、屯田员外郎将这一文告交付发布镌刻。这位官员应为李师中，他曾任广西转运使兼劝农使、广西提点刑狱、尚书度支员外郎等官职。据说，李师中到广西赴任后，十分注重广西的经济建设和国防建设。他兴修水利，疏通河道，解决运输与灌溉问题。他坚决劝制当地百姓切勿为一点小事自相争斗、相互残杀，因故撰写榜文，刻于石壁。李师中以仁德、宽厚之心对待广西百姓，赢得了百姓的信赖和爱戴。

另有宋人梅挚的《五瘴说》、宋陈畴父子的《水月洞题记》、观音男像等，这些皆为龙隐岩石刻中不可多得的精品。

当然，岩中绝大部分是历代题诗、题记石刻。如：

再游龙隐岩追和陶商翁韵

［宋］方信孺

石门元不锁，岩屋本无基。

九夏花犹在，千年树倒垂。

桂林龙隐岩摩崖石刻

僧闲方定起，客到每归迟。

甚欲眠蓬叶，沿崖续断碑。

由此诗可知，当时龙隐岩内大概有僧人居住。元，同“原”。定，指入定。蓬叶，指荷叶。

留别龙隐岩

［宋］许子绍

矫首初来北斗峰，直穿山腹作玲珑。

石间蜕骨痕犹在，渊底藏珠水更通。

霖雨几年岩野去，卧龙何处草庐空。

眼中要识真英物，寓迹无劳想下风。

由“龙隐”之名联想到龙穿山岩而成洞，以及龙隐岩附近的还珠洞老龙藏珠的传说，再联想到让刘皇叔三顾草庐的卧龙诸葛亮，有点天马行空之势。

读龙隐岩党籍感赋

［明］罗作

元祐由来三百秋，党人姓氏此间留。

中衰宋室匡攸定，贝锦谗言谮不休。

岩石坚刚胜竹帛，薜萝掩覆若金瓯。

贤良自是流芳远，追贬徒劳奸佞谋。

专咏龙隐岩的元祐党籍碑，赞叹岩石坚硬远胜一般书籍，将使忠臣姓名流芳万古。贝锦，喻指诬陷他人。竹帛，指书，古代曾以竹简和帛（白色丝织品）写书。薜萝，薜荔和女萝，两种野生藤蔓植物。

题龙隐岩

［明］闵珪

此地何年陨七星，秦鞭不到靖江汀。

潭湫龙隐犹遗迹，峰顶鸾骖尚有亭。

一洞松云春霭霭，半岩花雨昼冥冥。

题诗不用纱笼护，扫破莓苔几点青。

前三联描写龙隐岩所见景致，末联自嘲：我这诗当然不会受到重视保护啦，不过是在长着青苔的岩壁上留下点痕迹罢了。七星，指桂林七星山。秦鞭，相传秦始皇造石桥，有神人用鞭子驱赶石块前来帮助，用此典。靖江，指桂林，明代封靖江王于此。纱笼护，唐人王播早年贫穷，寄食于佛寺，受到僧人欺侮，于是在寺院壁上题诗抒发感慨。二十年后他做了大官，再回该寺，见到自己当年的题诗已被僧人用碧纱罩住保护，用此典。

遗珠满壁耀千载：

桂林还珠洞石刻

元人张湖山的《伏波山歌》，提到伏波山还珠洞的得名传闻。相传有渔人入洞得龙珠，后怕触怒龙而将龙珠送还洞中，还珠洞因此而得名。

传说终归是传说，而洞内的满壁石刻，对后人来说才是真正的遗珠。

石刻众多是还珠洞的重要特点。尽管从内容方面看，传世的石刻并非全都具有重大的历史意义，但是，它们历经朝代更迭，已成历史文化的一部分，变成了文物，那就得善待它们。

还珠洞石刻中，最引人注目的是为数众多的唐代佛像。佛像所在处又被称为“千佛洞”或“千佛岩”，实际上与还珠洞是相连的，可以视为一体。佛像数量众多，超过 200 尊，几乎全部是唐人所造。洞壁还有

桂林伏波山还珠洞

几则唐人记造像的文字，如：“仏弟子尹三归造弥陀仏三躯并身影，并文殊一躯及身影一躯。弟子玄僧春造弥陀仏一躯及影，供养玉二一躯。”“造阿弥陀佛两躯，弟子梁今义并身影永代供养，法界众生同斯愿海。”“弥陀佛。弟子陈对内供养。”“曹楚玉母造。”“桂管监军使赐绯鱼袋宋伯康。大中六年九月廿六日隽。”

米芾自画像及相关题记，是还珠洞石刻的一大珍品。米芾是宋代著名书法家，他 20 多岁时曾在桂林任临桂县尉，熙宁七年（1074 年），他与友人潘景纯同游还珠洞，题字刻壁云：“潘景纯、米黻，熙宁七年五月晦同游。”140 多年后，文学家方信孺在桂林做官，发现了这一题刻，深感珍贵。而当时米芾的曾孙米秀实正好在他手下任职，米秀实藏有米芾的自画像，方信孺就借来画像，刻于还珠洞，并自撰《宝晋米公画像记》记叙此事。同时，方信孺还在画像边刻了宋高宗对米芾的赞词：

襄阳米芾，得名能书。六朝翰墨，渔猎无余。骨与气劲，妙逐神俱。风姿亦然，纵览起予。

此外，还刻有米芾的儿子书画家米友仁写的跋语：“先南宫戏自作此小像，真迹今归于御府。”真正是众

伏波山还珠洞摩崖造像

还珠洞石刻之米芾自画像

美毕具了。

还珠洞石刻的诗作题记以宋人所作为最多。例如：

还珠洞

［宋］方信孺

归舟多载小江春，重访东岩旧屐痕。

插水峭崖犹有路，垂天怪石本无根。

金华仙伯真知己，薏苡将军足断魂。

安得北山公可作，倩渠移取向家园。

诗人对还珠洞石刻羡慕不已，恨不得将这些宝贝移到自己家中。金华仙伯，指宋代文学家黄庭坚。薏苡将军，指因运薏苡回家而遭诬陷的伏波将军马援。北山公，指《列子》中立志移山的愚公。倩渠，请他。

桂林还珠洞

［宋］贾黄中

赫赫威声震百蛮，昔携筐筥涸溪山。

无人为起文渊问，端的珠还薏苡还。

此首专咏马援事。文渊，马援字文渊。端的，究竟。

桂林还珠洞

［宋］曾宏正

偻指重来二十春，系船犹记旧篙痕。

飞鸿踏雪空留迹，随水浮萍那有根。

摸索交游半为鬼，寻思往事黯消魂。

天涯老泪空横睫，欲赋归欤事灌园。

作者二十年后重游还珠洞，勾起了对往事的回忆与思乡愁绪。

南宋名臣李曾伯，曾出为知静江府、广西经略安抚使，其有题记云："覃怀李曾伯长孺以淳祐己酉来牧是邦，越十年，再开制阃，屡至此洞。每辄煮泉瀹茗，徘徊竟日，令人起清斯濯缨之想，不知身在飞鸢跕跕堕水处也。盖簪山带水，胜绝天下，而此洞又居簪带之胜。”颇可玩味。

还珠洞石刻中元、明、清时期的作品相对较少，应该是因为到了后世，洞内石壁已经“体无完肤”，留给他们可以用作题刻的地方很少了。

仙人已去题咏存：

桂林刘仙岩石刻

清雍正年间的《广西通志》卷八十七《仙释》记载宋代桂林的一位异人：

刘景，字仲达（应为仲远），桂州人。初为屠，后为商，尝贩私盐。遇方士，与剧饮，授以片铅，能制铜铁为金。……皇祐中还家，容色如少年，而妻已皓首。人皆异之。乃栖南溪山石室中，妻孥往省，至则有毒蛇猛兽，不能进。嘉祐时运使李师中访之，赠以诗。元丰八年九月，召其子谓曰："死便火我。"其夜无疾而卒，年一百十八岁。

这位刘景先生，活到了 118 岁，在千年之前就足可被视为"神仙"了。所以，他被称为"刘仙人"，他所住的桂林南溪山上的岩洞，被称为"刘仙岩"，如今是桂林一个有名的景点。这个景点也以石刻著称。

对刘仙岩景致描写最细者，为明人俞安期《刘仙岩十咏为张质卿赋》的小序：

刘仙岩，仙人刘仲远所居。抵山之半，入户旋返而上登者，为升真洞，仲远炼真冲举，咸在兹焉。左下有坪，质卿因故址构阁，曰通明，为上帝行在。又左考室，曰栩栩，半嵌岩中，中设几榻，以供燕寝。又左由别道上，曰穿云岩。又左为仙迹岩，足迹宛然，趾轮可辨，传谓仲远所示。出岩稍左，有石方平，径五笏余，可设弈具，曰弈石，卜临绝壑，斫石阑之。又上而左，有石高出，下削上宽，曰凌风台。又左，行鸟道数十百趾，三峰特上，峙如鼎足，中有土坪，构阁曰山鼎。北有一阙，下瞩南溪，延眺城郭，比出群山，篸戟并列。复折而右，履巑岏（cuánwán）间数十百趾，有石突出，亭冠其颠，曰县居。复右行数十百趾，左右折而上，最高得石坪，类若九成。入二十余笏，横亘数十笏，背负绝巘（yǎn），下临升真，南出诸峰，举伏趾下。

而刘仙岩各石刻中，首先需说明的是《养气汤方》。这是一份养生药汤方子，因石刻略有损毁，缺了几个字，节选如下：

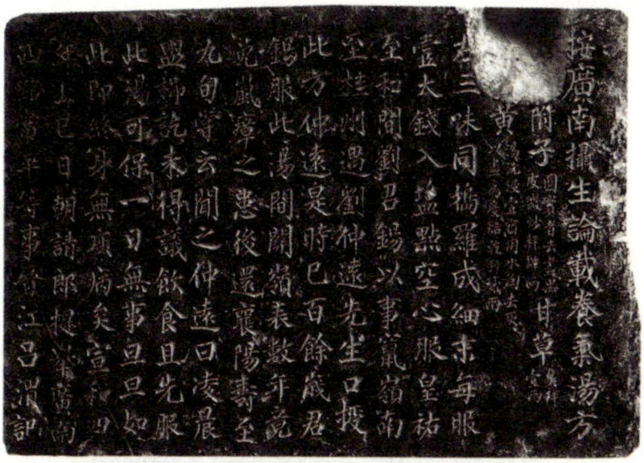

《养气汤方》（拓片）

□附子圆实者，去尽黑皮，微炒，秤肆两；甘草炙，秤壹两；□黄汤洗，浸壹宿，用水淘去灰，以尽为度，焙干，秤贰两。右三味，同捣罗成细末，每服壹大钱，入盐点，空心服。

刻此药方者为北宋的广西提举常平官吕渭，时间在宋徽宗宣和四年（1122 年）三月初三。吕渭在跋语中说，这个方子是刘仙人传给刘君锡的，只要每天按时服用，“即终身无疾病矣”。徐霞客在《粤西游日记》中也说“《养气汤方》甚妙”。且不论此方效用如何，但这一石刻汤药方子的时代久远是得到公认的。

刘仙岩的洞内石壁上还有珍贵的石刻《桂林刘真人》，石刻云：

《桂林刘真人》（拓片）　桂海碑林博物馆藏

桂林刘真人。

河目海口，须髯怒张。人貌而天者耶？其骨已朽，其人不死，与天地齐年者耶？山高谷深，变化成空。一笑相从，惟我与公。

乙酉十月朔，书付岩中道士文道华，使刻之石。历阳张孝祥赞。

曾任广西经略安抚使的张孝祥游访南溪山，特为刘仙人像题刻了像赞，该石像今藏于桂海碑林博物馆。

历代文人在刘仙岩题诗、题名、作记而刻石者不少。例如：

宋人刘希旦题：

仲远他年别自山，昔曾修炼是岩前。
丹诀已存青嶂上，仙踪犹在碧崖边。
云里从教凭出入，洞中未审此回还。
灵根浑挂苍冥外，应有芳名代代传。

从教，任凭。灵根，指修仙的灵性。

元人观音奴题：

道人家住仙岩下，山径秋深落叶重。
只恐羽衣归去晚，上山迷却下山踪。

羽衣，道士之衣，此处代指道士。

明人屠楷题：

刘仙岩里类蓬莱，玉阁南华次第开。
昔日修真曾此地，今朝闲客又重来。

屠楷就是桂林人，游刘仙岩肯定不止一次了，所以说“重来”。不过他是正二品高官，难得做“闲客”。

清人陈斌如题：

曲径巉岩临大荒，无边春色半苍凉。

山峰罗列乾坤小，石洞幽深日月长。
浪道漓江堪吸饮，云封古树供徜徉。
仙翁此日曾何处？留得仙岩字数行。

浪道，漫道；不要说。徜徉，徘徊流连。

名王翰墨万古传：宜州白龙洞石刻

太平天国著名的将帅翼王石达开，在其短暂而辉煌的一生中，除了血战疆场时的威名赫赫，还留下了若干诗篇。不过，他的多数诗作之真伪一直有争议。但是，他的名篇《和楚南刘云青会仙山白龙洞题壁诗》却无人敢否认其真实性，因为这是镌刻于今广西河池市宜州区白龙洞石壁上的作品，有序言证其缘由，有众多部将和诗，还有诗作表现出的目空一世的气概，都证明了它的真实性。

白龙洞在广西河池市宜州区的会仙山上，因洞中有石形如龙而得名，洞中古代题刻甚多。

清咸丰十年（1860 年），石达开率将相游白龙洞，见洞内有刘云青题五律一首云：“异境从天辟，登临眼界空。万家遥带雨，一水怒号风。古佛形容怪，奇人

宜州自然风光

气象雄。回看腰上剑，飞去作长虹。”甚为赞赏，自己即作和诗一首，并有小序：

太平天国庚申拾年，师驻庆远，时于季春，予以政暇，偕诸大员巡视芳郊，山川竞秀，草木争妍。登兹古洞，诗列琳琅，韵著风雅。旋见粉墙刘云青句，寓意高超，出词英俊，颇有斥佛息邪之概。予甚嘉之。爰命将其诗句勒石，以为世迷信仙佛者警。予与诸员亦就原韵立赋数章，俱刊诸石，以志游览云。

挺身登峻岭，举目照遥空。
毁佛崇天帝，移民复古风。
临军称将勇，玩洞羡诗雄。
剑气冲星斗，文光射日虹。

全从大处着眼，忽略细枝末节。虽是游宴之作，却不忘标举“毁佛崇天帝，移民复古风”的政治主张，末联尤为豪气干云。

他手下“诸大员”和诗者有十人：元宰张遂谋、地台右宰辅石蔡亲、户部大中丞萧寿镄、礼部大中丞周竹岐、兵部大中丞李遇隆、工部大中丞吕玉衡、吏部尚书孔之昭、户部尚书李岚谷、礼部尚书陈宝森、精忠大柱国朱衣点。所和各诗亦有气势。如张遂谋和诗：

岩洞高千丈，登临万象空。
尊王崇正道，斥佛挽颓风。
举目河山壮，横腰剑佩雄。
旌旗红耀日，将士气如虹。

吕玉衡和诗：

灵境何年凿，幽深万象空。
余闻发豪兴，欲往凌清风。
龙卧今应醒，人奇句亦雄。
大呼拔长剑，天外断飞虹。

张、吕二位之作，也自不俗。但比起石达开那首，在眼界和气势上逊色不少。

白龙洞内还有珍贵的宋代佛教石刻，包括罗汉名号碑和菩萨造像。碑题额名为“供养释迦如来住世十八尊者五百大阿罗汉圣号”，记罗汉名号518位。落款为“大宋元符元年八月秋日清信弟子龙管记”。据称，这是全国现存最早的五百罗汉名号碑刻。菩萨造像20余尊，镌造年代应与罗汉名号碑相同。

白龙洞内有宋代刘棐的题诗。刘棐就是宋代庐陵人，熙宁五年（1072 年）进士，其诗云：

当年回首烂柯山，世态消磨一局间。
陆叟已仙枰尚在，洞门深锁白龙闲。

从第三句看，刘棐游洞时洞内还有前人留下的棋盘，据说这前人就是唐代人陆禹，他曾在洞内修炼，后来成仙。而首联也是由仙人下棋故事引出“世态消磨一局间”的感叹。烂柯，即斧柄烂掉。相传晋代人王质入山砍柴，见到两个人下棋，他就坐在旁边看，结果一局下完，他的斧柄已经烂掉，原来已经过了几百年。后来此山被称为烂柯山。

宋代白龙洞题壁诗者尚有张自明、史少南。张自明诗为嘉定八年（1215 年）刊石，诗云：

白龙洞口白龙台，一俯南天眼豁开。
苍壁漫题三数字，后人还笑我曾来。

诗尚可读。如果太蹩脚，那确是有可能被后人嘲笑的。

史少南诗本身就注明“咸淳元年九月通守眉山史少南题”，咸淳是宋度宗年号。诗云：

一自凌空降节飞，日瞻华表望翁归。

今犹香气浮丹灶，时有仙韶殷翠微。
青鸟山深藏宿雾，白猿洞敞纳晨晖。
榴房桃李年年实，底事游人遇者稀。

诗人觉得纳闷：如此清幽的景致，怎么没见到多少游人呢？

白龙洞内还有许多其他明清石刻。如明人张烜于白龙洞题诗：

归来双屐在，乘兴此登临。
鸟道藤萝细，龙玄云雾深。
纵观今古迹，不著是非心。
徙倚风尘外，羲皇何处寻。

张烜是明代名臣，进士，官至漕运总督、右副都御史，他就是宜州（明代宜山县）人，所以诗开头就说自己是游子归来，乘兴游洞。不过，虽然他说自己此行就是游洞观景，“不著是非心”，但最后还是忍不住感叹当今去哪里能找到上古时代的太平盛世呢！羲皇，指伏羲。上古“三皇”之一，据说伏羲时代社会稳定、人民安乐。

又如明人蔡文的长篇歌行《白龙洞歌》，首段云：

粤西之山天下奇，洞岩林壑相参差。

此山崔嵬此渊北，此洞窈窅非人为。

仆人篝火乃敢入，洞房曲室何逶迤。

石形融结皆成象，丹青刻画未可状。

白龙蜿蜒势欲飞，仿佛岩泉风雷动。

三佛何年西域来，头颅带雪屐莓苔。

洞里乾坤长不老，壶中日月旦常开。

首句“粤西之山天下奇”，如同“桂林山水甲天下”一般，一锤定音，千古不磨！下面对白龙洞景的各种刻画想象，只算是首句的注脚了。崔嵬，高大险峻。窈窅，幽深。逶迤，弯曲绵延。三佛，相传曾有三位西域胡僧前来白龙洞。壶中日月，指仙家岁月。

摩崖造像先河开：

博白宴石山石刻

“摩崖造像”是指在山崖石壁上雕造人物图像。古代此类图像大多为佛像。中国摩崖造像始于汉代，广西地处南疆，摩崖造像历史较后，但也在隋代就有了，这就是博白宴石山摩崖佛像。

宴石山在今博白县顿谷镇石坪村，此地有古老的宴石寺，为晚唐名将高骈所建。五代时，南汉官员刘崇远在此铸造铁佛、铁罗汉五百余尊，并撰《新开宴石山记》一文，刻碑纪之，此碑今尚存于宴石寺。其中一段，介绍了宴石山之得名与风景、宴石寺之建造，以及他本人铸造铁佛、铁罗汉并扩建寺院的经过等，时在南汉大宝二年（959 年）九月：

宴石山者，在白州博白县之西乡，与马门滩伏波公之祠邻近。《图经》云：昔有神人称陈越王，今有古宫基址，见在廉州合浦县界。王曾宴于此山，故以为名焉。其山也，西枕清波，南连翠嶂，晓则轻云簇白，昼则远树攒青。石罅（xià）泉喷点点，而斜飞皓雪；涧边花秀丛丛，而密缀红绡。左纡右回，前龟后鹤。蔬足果足，松寒竹寒。昔曾有人临水凿石作佛像，高约五丈余，未穷其年代者矣。又有壬向石室一所，唐咸通中，高相座讳骈，统十道兵师，御八蛮疆境，经行之际，于此室塑造佛像，今尚存焉。崇远因监制运，遂切经营，乃命良工辟为精舍，一山迴矗，两室相邻。繇是以黑金铸释迦瑞像，设于东室。又铸释迦牟尼佛一座，兼别铸五百阿罗汉、十六罗汉设于西室。其次有石引廊、斋堂、僧房等在于室外。请僧师肇道，志惟敏惟忠，住持焚修。寻则飞章闻奏，皇泽爰颁，赐额号于鹫峰，为觉果之禅院。所谓觉乃大觉之路，果乃胜果之门。觉与果齐，果因觉集。皇明无外，天鉴洞临。致此名岚，永为胜地。

时代变迁，刘崇远所铸铁佛及大量铁罗汉今已不存，惜哉！

1994年版《博白县志》在《文物胜迹》篇介绍了宴石山摩崖佛像的现状：

宴石山摩崖雕像　位于顿谷乡石坪村宴石山西面，雕像离地面约5米，二龛窟并排相连，雕刻面宽5.50米，高3米，3雕像皆为高浮雕，并列而坐，上方均凿菱形尖拱窟。中龛正壁为释迦牟尼佛像，身披袈裟；左右两边龛窟菩萨的体态、手势、服饰均与中龛主佛大体相同，两侧均雕服侍菩萨。此摩崖雕像1988年文物复查时，经专家鉴定为隋代佛像。

这座佛像原被当地人称为“望江佛”。道光《博白县志》卷十二《胜景》记载：

宴石仙桥，宴石岩，在顿谷堡，离县治西八十里。岩皆磐石壁立，高百余丈，上周可数里。古神人陈越王宴此故，因名宴石。旧有汉伏波祠。唐咸通，高节度骈征南诏经此，建寺。南汉刘都监崇远铸铁佛及罗汉诸像，号觉果禅院，今石碣尚存。临江崖上镌佛像，名望江佛。旁有石山，名马骑石，周可数里，有石桥通岩上，名仙人桥。寺前对面有二石笋，高数丈，如烛双炷寺顶半壁中。

宴石山除摩崖佛像、宴石寺、五代古碑外，尚有其他胜景古迹，如宴石天仙桥、三烈祠、仙梯、伏波祠等，也是历代文人雅士游宴之地，同样留下不少咏赞之作。例如：

宴石仙桥

［明］陈献文

先代梵宫独未沦，水明花乱石埋云。
野棠偏爱春归早，孤鹤长随月到频。
桥在不知仙去路，碑残惟见汉遗文。
寻幽访古生平事，万化缘心似转轮。

仙桥仍在，佛寺犹存；碑残花乱，相伴游人。诗人笔下之景虽略显萧索，但依然甚可回味。梵宫，指寺院。万化，万般变化。转轮，指转法轮，为佛教用语。

游宴石寺

［明］刘扬烈

何必西方极乐边，石开阆苑几重天。
飞泉飘洒花争放，古洞幽深客爱眠。
堂室不曾经斧凿，溪涯常自结云烟。
我来未是蓬瀛地，拟是蓬瀛顶上仙。

此首一片颂赞之语，将宴石寺比作仙界，以至于到此游历的自己也飘飘欲仙。阆苑，神仙居住之地。蓬瀛，蓬莱、瀛洲，传说中的海上仙山。

宴石仙桥

［清］吴耀

无复清歌此地逢，锁沉鼍（tuó）鼓咽鲸钟。

洞深林屋重门豁，径转钩梯叠石封。

挂壁泉飞如雪练，卧波桥亘未云龙。

蛮王游宴皆陈迹，剩有江山渗墨浓。

古人古事，已成陈迹，唯剩如画风景。鼍鼓，鼓，用鼍（一种鳄鱼）皮蒙，故名。鲸钟，铁钟，钟杵为鲸鱼形，故名。渗墨浓，如同一幅浓墨重彩的画图。

宴石寺

［清］程均

昔日山无寺，今朝寺亦山。

不须金碧饰，只在石岩间。

高耸群峰小，环回一水湾。

伯图游宴歇，独羡老僧闲。

首联二句，深含世事沧桑之感。伯图，通“霸图”，割据一方建国的雄图，指所谓“蛮王”。

1994 年，经广西壮族自治区人民政府批准，宴石山摩崖造像被列为自治区级文物保护单位。1995 年，宴石山经审批被列为自治区级风景名胜区。

融州是古州名，治所在今广西柳州市融水苗族自治县。宋人王象之撰写的《舆地纪胜》卷一百十四《广南西路·融州》云：

真仙岩，在州南五里。洞高二十丈。仰视高远，清白错杂。灵寿溪贯串中出，玲珑清响，有环佩声。中有白石，高四五丈，巍然一天尊像，道服冠髯，伟岸如真。旧传老君南游至融，语人曰："此洞天绝胜，不复西渡流沙，我当隐焉。"一夕身化为石，匪雕匪镌，大质兴焉。石狮丹灶，罗列后先。玉柱擎天，龙鳞印地。仙游屐迹，显然可考。本名灵岩山，又名老君洞，咸平中敕改为真仙岩，颁降太宗御书一百二十轴藏岩内。张孝祥磨崖大书"天下第一真仙之岩"。

真仙岩，也就是现今著名的"老君洞"，是融州"古八景”之首，被称为“水月洞天”，在1963年被列为广西壮族自治区级文物保护单位。

真仙岩中最有名的文物胜迹是石刻。当年徐霞客曾在此洞停留十多天，就为了拓印洞中的著名石刻作品，没想到印品未干就多次被人偷去，于是他又托人去城里买纸，等候多日才完成。

民国《融县志》第八编《古迹》记载：

真仙岩，一名灵岩，有天然老君石像，须眉巾服，栩栩欲活。俗又名老君洞。在城南四里许，空明高敞，约数十丈，广倍之。内中暗洞，境尤幽邃。以炬烛之，奇石玲珑，毕肖诸物。……灵寿溪由岩中穿过，可通小舟。水澄澈可鉴。岩外嘉木葱茏，双桥耸峙。宋绍兴中，经略安抚使状元张孝祥磨崖题写：“天下第一真仙之岩。”历代名人石刻尤伙……

真仙岩石刻，既有摩崖刻者，也有立碑刻者，今尚存者超过百处。其中，宋人石刻最多，其作者身份尤为引人注目。民国《融县志·金石》有一些记载：

《易·家人》卦辞，宋温国公司马光书，隶书径三寸，笔力苍古遒劲。

融水风光

杜子美《画鹘行》，宋忠献王韩琦书，裔孙休卿刊，楷书，径五寸，字法鲁公，劲健秀美。

宋真宗御书碑，计四石，每石高三尺，长六尺，一镌“颐堂”，一镌“西江”，一镌“瑞云”，一镌“精忠”，楷书，端重秀整。旁有小章，文曰“兴国中镌”；玺一，文曰“御书之宝”。岩石又刊有“今上皇帝宸翰”六字。

《元祐党籍碑》，宋蔡京书，嘉定间，籍内余官沈千曾孙沈暐刊并跋……

《贡士库记》，宋郡守刘继祖撰并书，楷书，径二寸许，字法鲁公，端重遒劲。

《先师孔子像碑》，宋淳熙十六年知融州军毛恕刊并跋……

《孟获像碑》，宋庆元二年融水县知县吴今刊。以上各像均吴道子笔。

还有经略安抚使张孝祥的题额等，真是帝王将相济济一堂。

元、明、清三代的真仙岩石刻，亦存数十处，如元代岭南广西道廉访使宋思义、静江路总管梁国栋，明代柳州府同知马襄、融州知州王祺，清代融县知县梁廷桂、融县教谕唐良梧、临桂县知县何鲲等，均为石刻作品题者。

历代题咏记叙真仙岩的诗作当然也不少，如：

真仙岩

［宋］曾布

凿成岩穴鬼工难，中有神仙自往还。

不见桃花开落处，只随流水到人间。

想象真仙岩是神仙凿成，洞中至今应当仍有神仙。鬼工，即鬼斧神工。末二句化用李白“桃花流水窅然去，别有天地非人间”之句。

游老君洞二首（其一）

［明］戴钦

入山顿觉俗缘消，况复扪星上紫霄。

石乳滴云开万洞，山龙盘水下三桥。

天仙鹤举留丹灶，玉女鸾回响碧箫。

回首浮生无处着，欲将身世混渔樵。

戴钦在一片仙气的老君洞前，却生发出身世之悲，感到自己无处安放身心，不如归隐与渔樵为伍。他虽然是进士，但在官场中并不得意，晚年被皇帝廷杖，伤重而死，所以他有这种念头并不意外。扪星，摸着星星，形容山高。

游真仙岩

［清］路顺德

岩里溪声岩上诗，岩前树影日频移。

无边名胜谁能绘，几处玲珑独系思。

岚气满身疑化蝶，渔翁当欲占严矶。

千年石像空遗迹，惆怅青牛事已非。

路顺德就是融州人，他来游家乡胜景，除赞颂这难以描绘的“无边名胜”外，更遗憾传说中骑青牛的老君已经不知去向，只留下这座千年石像。

寿岩胜处漫开襟：

永福百寿岩石刻

百寿岩，亦名夫子岩，是一个有着深厚石刻文化底蕴的地方。

百寿岩在今广西永福县百寿镇。据史料记载，这里从宋朝起就是长寿之乡。百寿岩最知名的当属“寿”字石刻。

“寿”字石刻亦称“百寿图”，主体是一个高 175 厘米、宽 148 厘米的大繁体“寿”字，字体为楷书。而在大字的各笔画内，嵌有一百个小“寿”字。这一百个小“寿”字的字体各异，形态各异，令人叹为观止。

“百寿图”旁有创作者与刊刻者署名：“知县史渭刻于静江古县夫子岩。绍定己丑岁吉日，桂林王鼋刊。”“绍定”是宋理宗赵昀的年号，绍定己丑为绍定

永福百寿岩石刻

二年（1229 年），距今将近 800 年了。

史渭为何要在此地创刻百寿图？百寿图旁有清光绪年间永宁知州李某的一则说明文字，称是因为“夫子岩山如横障，石洞天开，为州人廖扶学仙处。旧有丹砂井，扶族数百口饮之多寿。《广舆记》《抱朴子》纪载相同”。引经据典，言之凿凿。民间传说更将这廖扶故事引申发挥，津津乐道。

明人陆应旸的《广舆记・广西桂林府・仙释》有

相关记载：

廖扶，永宁人。相传家有丹砂井，一族饮此井者皆百余岁。宋绍定间，知县史渭镌百寿字于石崖，盖指此也。

这就把百寿岩与廖扶的故事联系起来了。

清代广西名流郑献甫，游百寿岩后题诗：

夫子岩前拟避尘，古田县外自寻春。
砂丹水白都如昨，眼底曾无百岁人。

他感到纳闷：百寿岩边历来相传是寿乡，怎么却看不到一个百岁人呢？古田县，永福县明代曾称古田县。

百寿岩因其独特的石刻而扬名，宋代之后已属名胜。游人大增，题咏者亦多。一些作品也镌刻在百寿岩，其中有元初著名书画家赵孟頫所题“宁寿”二字，表达安宁与长寿的关系，为百寿岩更添一道风景。其他诗文石刻，亦不乏名流之作，当然内容不一定紧扣百寿岩。明代抗倭名将俞大猷也在百寿岩立了一块“题古田纪事”碑，记载他作为“总统征蛮将军右都督”，在隆庆五年（1571 年）率军征讨广西古田（在今永福）韦银豹起事得胜之事，并作一首七律：

相逢尽问事何如，我亦九夷一度居。
此日但能行笃敬，他时可使左诗书。
柔非刚克功常罔，恩用威施化有余。
开辟千年今再见，却疑天地果无初。

说教之作，间接为他在古田的东伐做宣传，无甚可取。

明代勇将刘綎也在百寿岩题诗二首镌壁。其一曰：

南北奔驰春又深，寿岩胜处漫开襟。
幽情误惹闲花妒，诗兴偏偕好鸟吟。
百战有谁怜白骨，九重无自暴丹心。
丈夫满抱筹边策，肯向天涯叹陆沉。

绰号“刘大刀”的刘綎因事被贬来广西永宁州，虽然游览“寿岩胜处”使他一时开怀，但到底心绪不佳，所以诗中多有牢骚。九重，指天子。陆沉，喻指隐居。

三变沧桑是果然：

灵山三海岩石刻

《神仙传》说，神仙麻姑称自己曾三次见到东海变为桑田，故有成语“沧海桑田”。这当然是神话传说。不过，在地球的演化史上，由于地壳运动，深海变高

麻姑像

山之类的现象是存在的。然而古人还没有这样的知识，所以当他们看到远离海岸的山上出现一片海洋生物的化石时，就只能想到神仙了。

九百多年前，曾在广西为官多年的宋人陶弼，在今广西灵山的一座山上发现三个岩洞，其中一洞“下有磐石，螺蚌负之”，他马上就想到了麻姑的故事，于是将此处命名为“三海岩”，作诗一首并写下序言：

宋治平二年春，诏徙灵山治于石六山下以便民。夏五月，余得朝告命还湖湘，道由兹山，爱其林交水回，岚嫩石瘦，谓其下必有胜处。遂命邑官除道刊木，徒步而进，果得三岩于榛莽间。其一砑然云际，天光内通，如半月破；一若巨龟壳，侧倚崖下；又中洼上隆，前后卑昂，状如覆鼎盖，如曲突窟，上端有阴壑，刀布藏焉，樵人百方力不能到。下有磐石，螺蚌负之。余疑上古之时海变于此。《诗》云：“高岸为谷，深谷为陵。”岂空言哉！乃名之曰“三海岩”，复为诗一章，以附新邑图经云。

灵邑西岩古洞天，我来方信海为田。

无名不入州图载，有路空闻野老传。

此日登山人采蚌，当时饮马客留钱。

颜公曾记麻姑说，三变沧桑是果然。

宋淳熙四年（1177年），岳飞的儿子岳霖担任钦州知州任满回朝，经过此处，又题诗《过灵山述怀》：

折腰为米本忧贫，流落天南瘴海滨。

千里江山空别怅，十年萍梗可伤神。

拊膺但觉丹心壮，揽镜难窥白发新。

归去恩深知感激，只惭无德愧斯民。

岳霖此诗，与三海岩无关，乃是抒发他在钦州做官期满归去的心绪。斯民，这里的人民。

前有小序："安阳岳商卿守钦秩满，蒙恩召还，归道兹邑，作诗述怀。淳熙四年十二月二日书。"此诗及序之后被灵山县官员在三海岩刻石。

明嘉靖年间，广西按察使司佥事翁溥和灵山县知县陶桓将陶弼上述诗作刻石于三海岩。此后，三海岩的知名度越来越高，越来越多的人来到此地游玩，石刻数量也逐渐增加。今天，三海岩内有自宋代至民国的石刻作品超过120件，此处现已被广西壮族自治区人民政府列为自治区级文物保护单位。

三海岩石刻中，以明代作品最多。

景泰二年（1451 年），广西郁林州农民军黄公庞部攻钦州、灵山，镇国将军汤节率明军前来镇压，得胜后游三海岩，题诗刻石：

灵山突兀烟霞古，远近峰峦枕江浒。
悬崖削壁挂藤萝，盘礴苍松鸾鹤翥。
崎岖石径藓苔封，岭上相呼猿引子。
昔年沧海今桑田，老蚌珠螺犹在土。
何时仙子几经游，幻出灵峰近天府。
神龟千古杳无踪，钱谷名存今几许。
惟余明月照空岩，大海波涛息久矣。
摩崖拭看读雄文，宋室词章传海宇。
我来巡历统三军，猺獠闻风潜遁去。
边城宁谧瘴烟消，雨足田畴民鼓舞。
挽回戈甲洗天河，海角天涯人安堵。
还将忠赤答皇明，四海升平朝圣主。

描绘灵山风光，回顾三海岩传说，当然也忘不了自我吹嘘一番。

明人张岳《同翁梦山游三海岩》：

夙爱山水游，兹山屡延赏。

披云入青冥，岩屋岈弘敞。

玲珑开北户，峭壁排银榜。

初弦溜石悬，渐喜琼芽长。

幽泉时一滴，毛骨森萧爽。

壶觞屡献酬，清言激灵响。

天末多风波，陈迹成俯仰。

徒闻海上洲，中宵勤梦想。

聊兹永日留，真性非外奖。

瞑色望征途，何由释尘坱（yǎng）。

张岳曾任两广总督，灵山三海岩在他的辖区内，从“兹山屡延赏”之句可知，他已经多次来此游览了。琼芽，指洞中石笋。灵响，神异的声响。尘坱，尘世，此处指尘世事务。坱，尘埃。

曾任灵山县知县的明人徐栋，在三海岩刻石明志：

出宰灵山路八千，海天担子我分肩。

应酬今日承来龙，敢负当年坐破毡。

独乐岂如百姓乐，要钱那有一文钱。

古时多少循良吏，留得声名世世传。

诗后还有跋语:“此余志也。被论改任,勒石纪之。”徐栋当清官的决心很不小,但不知实际行动如何。

有趣的是,三海岩石刻中,居然有一宋代石匠题名曰:“静江府石匠人苏念五,宝祐元年十二月日到此,未知何日再来记山。”那位苏石匠,应是被找来三海岩摩崖刻字的,他“挟带私货”将自己也刻了进去,当时大概没人发现,于是就让他“万古留名”了。